Francesco Marie Pompée Colonna

Abrégé de la doctrine de Paracelse et de ses Archidoxes

Avec une explication de la nature
des principes de Chimie pour servir
d'éclaircissement aux Traités de cet Auteur et
des autres Philosophes.
Suivi d'un Traité Pratique de différentes
manières d'opérer, soit par la voie Sèche,
ou par la voie Humide

À Paris
—
1724

© 2024, Francesco Marie Pompée Colonna(domaine public)
Édition : BoD · Books on Demand, 31 avenue Saint-Rémy, 57600 Forbach, bod@bod.fr
Impression : Libri Plureos GmbH, Friedensallee 273, 22763 Hamburg (Allemagne)
ISBN : 978-2-3224-9758-4
Dépôt légal : Février 2025

PRÉFACE

L'on a imprimé à mon insu un Livre de Chimie qui contient, entre autres choses plusieurs expériences qui ont été faites chez moi en l'année 1717, et dont aucun Chimiste ne paraît pas avoir parlé jusqu'à présent ; on a joint a ces curiosités deux autres Traités que je n'avais fait que pour mon étude particulière, l'un sur les semences métalliques, et l'autre qui rapporte le sentiment des Philosophes sur les matières de la Pierre, et qui explique en-même temps plusieurs de leurs énigmes. Comme je n'avais pas composé ce Livre dans le dessein de le faire imprimer ; les différents traités qui s'y trouvent ramassés étaient en quelque façon informes, et par conséquent peu dignes de voir le jour ; outre qu'un Auteur a bien plus d'attention sur un Ouvrage qu'il a composé lui-même, et y laisse échapper bien moins de fautes, qui souvent étant essentielles sont capables d'embarrasser le Lecteur. Cependant malgré tous ces inconvénients, je ne laisse pas d'avoir obligation à la personne qui a pris la peine de le faire imprimer : le goût que le public a marqué pour cet Ouvrage m'y détermine volontiers. Il est à remarquer, que dans ce Livre on a cité plus d'une fois un Traité des *Archidoxes de Paracelse* ; le Libraire qui est de mes amis, ayant été informé par plusieurs personnes qui lui demandaient ce Traité de Paracelse qu'ils avaient vu en manuscrit, dont j'étais l'auteur de l'un et de l'autre Traité, étant venu me le demander, je le lui ai donné aisément, ne faisant pas grand cas de mes ouvrages, ce que j'aurais fait de même à la personne qui a fait imprimer l'autre : la facilité que j'ai eu vient en partie de ce qu'étant imprimé contre mon gré, il vaut autant que je le fasse de bonne grâce. Au reste je suis obligé de rendre justice à la vérité en assurant que les expériences qu'on rapporte dans les *Secrets de la Philosophie*, etc. sont très véritables, quoiqu'elles paraissent nouvelles, et que je les ais vu faire, et je les ai faites la plupart de mes propres mains.

Je dirai donc que parmi les Modernes, Paracelse semble avoir surpassé tous ses Prédécesseurs ; et qu'avec raison il s'est attribue le titre de *Monarque des Arcanes*. Ce grand homme à mon avis mérite en deux choses d'être préféré à tous les autres. La première est qu'il a établi une doctrine fondée sur des raisons physiques et palpables sans se servir de ces énigmes inintelligibles qui font tourner la tête plutôt que d'instruire, et il a nommé les matières, de façon qu'on peut facilement les trouver. En second lieu, comme il était habile Médecin, il a donné des règles des remèdes très efficaces, lesquels remèdes, ou du moins une grande partie, sont également bons soit pour la santé, soit

ABRÉGÉ DE LA DOCTRINE DE PARACELSE

pour la perfection des métaux; il est vrai aussi, et c'est ce qui avait mis en doute le savoir de ce grand homme, que lui-même avait eu intention de cacher son Art en supprimant, comme il le dit; le dixième Livre des *Archidoxes*, qui est comme la clef des autres; mais il l'a donné à la prière de ses plus chers amis quel que temps avant sa mort.

Je me suis donc attaché particulièrement à la doctrine se Paracelse, et j'ai étudié avec toute l'attention possible ses Archidoxes, dont le mot Grec signifie *la doctrine principale*. Je les ai abrégé comme on le peut voir en omettant les discours superflus et les rangeant, dans un ordre qui pût donner plus de clarté, et en faciliter l'intelligence; plaçant dans les lieux convenables, les endroits les plus remarquables de cette clef précieuse qui donne une lumière suffisante aux vrai Philosophe. J'ai encore mis à la tête de cet ouvrage un Traité des cinq *principes des Chimistes*, qui non seulement donne beaucoup de clarté à la doctrine de Paracelse mais qui peuvent beaucoup servir à ceux qui s'adonnent à cet Art pour entendre le fond de cette science, et en même temps développer la plupart des énigmes dont les Livres de nos Philosophes sont remplis. Je ne doute pas non plus que par ce Traité des *Archidoxes* et avec celui qu'on a déjà, quelques personnes d'esprit ne trouvent des choses dont ils pourront profiter car ils connaîtront que la doctrine de ce grand homme a une clarté que les autres livres n'ont pas. Qu'on s'attache donc à sa doctrine: c'est celle de Paracelse que j'y propose et non pas la mienne, je n'ai fait que la traduire pour l'utilité du public, et je ne cherche point à me faire honneur de ce qui ne m'appartient pas; c'est pourquoi même je cache mon nom en une anagramme Latine qui marque que je suis un habitant de la France.

SUM INCOLA FRANCUS
(François-Marie-Pompée Colonna,
né à Rome en 1644, mort en France en 1726)

EXPLICATION DE LA NATURE DES PRINCIPES DE CHIMIE

*Pour servir d'éclaircissement à la doctrine de
Paracelse et des autres Philosophes*

La Chimie se définit ; l'Art qui par la résolution des Mixtes, en sépare le pur de ce qui est impur.

Pour bien savoir cette, définition, il faut entendre ce que les Philosophes Chimistes appellent *pur* et ce qu'ils estiment *impur* ; et au surplus il faut savoir ce que c'est que la résolution des corps : il faut comprendre que cette résolution des corps consiste en leur entière décomposition laquelle ne se peut faire que par une parfaite corruption et putréfaction du même corps.

Dans cette décomposition des particules du Mixte, les Chimistes trouvent et séparent cinq substances qu'ils appellent *principes prochains et naturels* ; parce que de toutes les choses que la nature forme, l'on peut séparer, cinq principes ou substances différentes.

Ces cinq principes selon eux sont soufre, mercure, sel, flegme et tête morte ; ces cinq principes, sont sensiblement différents les uns des autres, et quoique dans le composé ils soient très bien mêlés par la nature, néanmoins ils sont séparables par l'art ; et c'est par ce moyen qu'on peut connaître sensiblement que les diverses doses de ces principes mélangés diversement ensemble font la diversité des corps naturels et de leurs vertus et propriétés sa diverses ; car un peu plus ou moins de l'un ou de l'autre produit la merveilleuse différence qui fait qu'un corps, soit non seulement d'espèce différente, mais ceux d'une même espèce ne sont pas parfaitement et mathématiquement les mêmes parce qu'il est quasi impossible que les doses des principes qui forment un corps soient précisément dans le même poids et mesures que les doses qui forment une autre espèce ou un autre individu.

Remarquez aussi, que les Chimistes appellent *principes prochains*, ces cinq principes, non seulement parce qu'ils sont visibles, mais parce qu'ils connaissent qu'ils proviennent d'autres principes plus éloignés ; c'est-à-dire des quatre qualités élémentaire, le chaud, le sec le froid et l'humide.

Mais afin qu'il ne reste aucune obscurité dans ce Traité ; il faut savoir que les Chimistes suivent la doctrine d'Aristote et des anciens Académiciens et de l'école commune, qui tous d'accord ont mis pour principes éloignés les quatre éléments, lesquels l'école avec raison distingue des qualités élémentaires ; et

ABRÉGÉ DE LA DOCTRINE DE PARACELSE

cette différence consiste en deux choses, la première est que la qualité n'est pas proprement l'élément visible, mais les plus petites parties invisibles d'icelui. Par exemple, l'eau de la rivière ou de la mer n'est pas proprement ce qu'on appelle *la qualité humide*; mais il faut comprendre, que ce qu'on appelle *qualité* c'est la vapeur la plus subtile; ou si vous voulez la plus petite particule d'icelle, et dont un nombre innombrables de ces particules jointes ensemble forment les gouttes de l'eau sensible, et plusieurs gouttes font les ruisseaux, les rivières et la mer, il faut de même imaginer que la sécheresse ou l'aridité n'est pas proprement la terre des champs ni celle ou nous marchons, mais ce sont les particules plus déliées de ce qui peut former cet élément qu'on appelle *terre*, il en faut dire de même de l'air que nous respirons, ou du feu visible et brûlant, dont les parties sont plus subtiles et plus mobiles que celle des autres éléments grossiers.

Mais ce qui fait aussi une grande différence des qualités aux éléments visibles que nous appelons *terre, eau, air et feu*; c'est qu'il n'y en a aucun d'eux qui soit seul et qui ne soit mêlé avec les autres trois. Par exemple, le feu brûlant est fort différent de la qualité pure de ce qu'on nomme *chaleur* qui consiste dans les plus subtiles et plus mobiles particules éthérées; car le feu visible qui est formé des matières combustibles, non seulement contient la sécheresse de la terre, mais l'humidité de l'eau et de l'air comme on le peut voir en recevant la flamme d'une bougie ou d'autre matière qui brûle; recevant, dis-je, ladite flamme dans un plat, elle y laisse une noirceur sèche et terrestre; que si l'on reçoit ladite flamme en quelque grand vaisseau de terre avec un alambic aussi de terre, on recevra dans un récipient quelque humidité qui n'est pas exempte d'air, sans lequel le feu s'éteint; quant à l'eau il est constant qu'elle donne quelque terre si on la distille, outre le sel volatil qui l'accompagne quand elle s'évapore, et outre cela elle a toujours en soi quelque air et quelque chaleur, sans laquelle elle se durcit en glace et ne peut pas couler.

On peut inférer la même chose de la terre : de manière qu'on doit conclure que les qualités sont diverses des éléments visibles et sensibles tant parce que les qualités sont les parties plus subtiles et invisibles de ces éléments, comme aussi parce que l'on doit considérer abstractivement lesdites qualités comme des particules propres à former un tel élément à l'exclusion de toutes les autres particules propres à former un autre élément.

De manière qu'on peut dire que la chaleur est la matière la plus subtile, et plus mobile et agissante que toutes les autres, ensuite l'air est un peu moins subtil que la chaleur, mais moins grossier que l'humide qui est moins subtile

ABRÉGÉ DE LA DOCTRINE DE PARACELSE

que l'air, mais moins grossière que la terre, ou pour mieux dire que la sécheresse qui est la qualité la plus grossière est moins mobile que les autres.

Et on peut, si l'on veut, imaginer les figures que l'on voudra dans ces particules qui composent les qualités, et au lieu de trois sortes d'éléments que les Cartésiens supposent l' une très subtile, l'autre très grossier, et un autre moyen, on peut mettre quatre degrés différents étant au fond la même chose ; puisque les trois éléments des Cartésiens et leurs particules ne sont pas absolument égales, ni en substance, ni en figure, ni en vitesse de mouvement.

Sans s'arrêter donc d ces disputes et à ces minuties inutiles que le Philosophe d'esprit peut facilement concilier, il suffit pour reprendre notre propos, que les qualités dont nous parlons, ne sont pas les éléments visibles, mais les particules les plus fines des deux éléments sensibles.

Il faut encore imaginer les particules des dites qualités sans aucun mélange des autres, de même qu'on conçoit la matière subtile de Descartes sans aucun mélange de la grossière ou de la moyenne, quoique dans l'étendue de l'univers les unes et les autres soient entremêlées ; l'on peut aussi si l'on veut considérer ces particules comme les Atomistes considèrent chaque atome à part dans sa petitesse ou grandeur et figure propre, et avec son propre mouvement, quoi qu'ils soient réellement entremêlés les uns avec les autres.

Et il ne faut pas croire que cette manière de considérer les éléments et les qualités, soit inutile et sans fondement car les Chimistes ne sont pas de ces Philosophes qui dans leur cabinet écrivent et débitent ce qui leur passe dans la tête ; leur doctrine est différente de celle des autres, en ce qu'elle est fondée sur des expériences certaines, et en ce que non seulement ils trouvent les susdits cinq principes visibles dans tous les Mixtes sans exception ; mais ils voient que la composition de ces principes est très différente, en ce qu'il y en a deux qui sont composés de la terre et de l'eau commune et grossière tels que sont ceux qu'ils appellent *flegme* et *terre morte ;* mais les autres trois, c'est-à-dire le soufre, le mercure et le sel sont composés des principes et des particules d'une substance entièrement subtile : d'autant que les composés qu'ils forment sont très subtils et pénétrants, et que difficilement ils peuvent être séparés les uns des autres.

Je vais donc expliquer ce que les Philosophes Chimistes entendent sous le nom *de soufre, de mercure* et *de sel*, en considérant chacun de ces principes à part, comme si il n'était point mêlé avec les autres ; quoique réellement l'on ne trouve point dans la nature une qualité ni un élément sans l'autre, ni par conséquent aucun des principes des Chimistes qui ne contienne un peu de l'autre.

ABRÉGÉ DE LA DOCTRINE DE PARACELSE

Je dirai donc en général que sous le nom de soufre ils entendent la chaleur ; par le nom de mercure ils entendent l'humidité, et par le nom de sel ils entendent la sécheresse : mais parce que comme nous l'avons indiqué, les qualités élémentaires sont si mélangées par la nature, que l'une ne va pas sans l'autre l'on appelle généralement *soufre* le composé où la chaleur prédomine, on appelle *mercure* la substance où l'humidité fluide est dominante, et on appelle *sel* le mélange des quatre qualités, et dans lequel la sécheresse et l'aridité est dominante.

Comme l'on reconnaît quatre éléments et quatre qualités élémentaires, le soufre des Chimistes considéré abstractivement, et comme seul, est formé du mélange des deux qualités plus subtiles et plus mobiles ; et par conséquent plus chaudes auxquelles nous donnerons le nom de *feu* et d'*air* ; c'est-à-dire de leurs particules plus subtiles et desquelles proviennent le feu et l'air grossier et sensible ; et notez que comme ces deux éléments ou qualités peuvent être mélangés suivant diverses proportions, c'est-à-dire que dans ce mélange il y peut avoir, ou plus de feu ou plus d'air, et cela par degrés innombrables (car une particule de plus ou moins de l'un ou de l'autre fait la différence.)

Il s'enfuit qu'il peut y avoir un nombre innombrable de divers soufres, les uns plus ignées, les autres plus aériens, puisque comme on l'a dit, une particule ou un atome plus de l'un que de l'autre peut faire la différence du mélange, et par conséquent de la nature du soufre qui sera plus ou moins chaude, et plus ou moins actif et mobile suivant qu'il sera plus ou moins igné.

Mais comme le bon Philosophe ne change pas l'ordre de la nature, il l'examine et la considère telle qu'elle est ; il connaît ces deux choses, la première que nous avons déjà indiquée, c'est-à-dire, où les éléments et principes des choses sont tellement mêlés, que l'un n'est pas sans l'autre ; la seconde observation est que les particules des qualités ignées et aériennes étant d'une subtilité et d'une mobilité extrême, ne peuvent pas se rendre visibles ni subsister d'elles mêmes sans quelque chose de plus grossier qui les retienne et les enveloppe ; cela est visible en ce que nous sentons bien la chaleur qui est dans air.

Mais nous ne la voyons pas moins qu'elle ne paraisse en forme de feu ou de flamme, et alors elle est mêlée comme on l'a dit, avec d'autres éléments grossiers et corporels. Nous sentons aussi les effets de l'air, mais il n'est ni visible ni palpable. Le soufre donc de nos Philosophes ne paraît pas aux yeux ; et il ne subsiste point par lui-même, mais il faut qu'il soit accompagné de cette humidité que nous appelons *mercure*, laquelle humidité est différence de celle de l'eau commune de la mer et des rivières, en ce que cette humidité dont nous parlons est extrêmement subtile. Il faut donc comprendre le mercure des Philosophes Chimistes comme une humidité très subtile, imprégnée et imbue dudit soufre chaleureux : et comme cette humidité peut avoir en soi une plus grande ou moindre quantité dudit soufre, qui par lui-même peut être formé de plus ou moins de feu ou d'air ; il résulte de ce mélange encore un plus grand nombre de ce mercure ou d'humidités différentes : c'est-à-dire ou plus humides, ou plus aériennes ou plus ignées.

Mais ce qui augmente les différences de ce mercure, c'est que comme nous l'avons dit, les qualités n'étant pas l'une sans l'autre, ce mercure ou humidité n'est pas sans quelque sécheresse, c'est-à-dire sans quelque quantité de ces corpuscules ou atomes subtils qui forment la masse grossière de la terre, et ce sont ces particules sèches, mais très subtiles.

Car la sécheresse mêlée avec la susdite humidité mercurielle, fait paraître l'humidité qu'on appelle *mercure* en forme huileuse et gluante, plus ou moins selon qu'elle contient un plus grand nombre de ces corpuscules secs ; et notez que lorsque ces corpuscules secs prédominent sur l'humidité du mercure, ils empêchent l'humidité de fluer et de couler, et alors ils appellent ce composé *sel*.

Car le sel des Chimistes n'est autre chose comme on l'a dit que le même mercure ou humidité imbue des différents soufres, et mêlée tellement avec les particules sèches, que ladite humidité étant surmontée par l'aridité terrestre ne coule plus, de même que l'eau perd sa fluidité par l'addition de la farine ou d'autre substance sèche. Or ladite humidité ne coulant plus il s'y enferme un corps sec que les Chimistes appellent sel ; d'où il en résulte une infinité de sels différents, plus ou moins secs, plus on moins humides, plus ou moins aériens, et plus ou moins chaleureux.

Et notez que les Chimistes trouvent deux sortes de sels, l'un volatil et l'autre fixe : le fixe est ainsi appelé parce qu'ils résiste quelque temps au feu et ils remarquent que ce sel est fixe d'autant qu'il contient encore beaucoup de terre grossière, à la différence de l'autre qui étant sans aucune terrestréité ; il ne contient de la terre subtile qu'autant qu'il en faut pour faire paraître le mercure sous la forme d'un corps secs, d'oh il s'ensuit que ce sel se sublime alors à la moindre chaleur, comme il paraît communément dans les deux sels différents qu'on tire de l'urine, dont l'un est assez fixe, l'autre comme on l'a dit le sublime à la plus petite chaleur. L'on prouve aussi que le sel n'est autre chose que le mercure ou l'humidité dans laquelle la sécheresse prédomine, en ce que toute sorte de sel se fond au feu et se liquéfie dans l' eau ; car rien ne flue que ce qui est humide et rien ne s'élève et ne s'évapore au feu que ce qui a de l'humidité et quelque chose d'aérien ; et comme la seule terre grossière résiste un temps au feu, le sel qu'on appelle *fixe*, n'est tel fixe que parce qu'il abonde en terre grossière; laquelle étant séparée, il devient volatil au plus petit feu, comme je lai dit, et comme l'expérience le montre.

Par où on explique ce que le Cosmopolite avait dit en termes mystérieux, c'est-à-dire que la chaleur ou le feu céleste agissant dans l'air, engendre le soufre, le soufre agissant sur l'humidité de l'eau produit le mercure, et le mercure avec le soufre agissant sur la sécheresse qui est ce qu'on nomme la *terre*, produisent le sel mais que la terre n'ayant pas sur quoi agir produisait de ces trois, principes, les minéraux et les plantes dont les animaux se nourrissent, et desquels trois principes les animaux mêmes sont formés; car les qualités élémentaires sont les principes universels du soufre, du mercure et du sel, du mélange duquel se forment le suc ou essence séminale des êtres, que la seule nature peut former, et que l'Art ne peut jamais faire, mais seulement s'en servir : ce que nous venons de dire se doit entendre, du soufre, du mercure et du sel philosophique et universel, qui se rectifient après dans les êtres particuliers.

Et en effet ces trois principes prochains mêlés en diverses proportions sont ce qu'on appelle l'*essence du mixte*, et ils font qu'un tel être soit ce qu'il est, qu'il soit différent des autres; car c'est de ces trois seuls et uniques principes, mêlés comme on l'a dit en certaines proportions qui font qu'un être soit tel qu'il est, et c'était d'eux que résulte la couleur, l'odeur, la saveur et les autres vertus et propriétés d'un tel être, comme l'expérience le fait voir; et qu'on le démontrera plus clairement dans le cours de cet ouvrage en expliquant la doctrine de Paracelse, et comme je l'ai montré plus au long dans le Livre de la *Génération des choses*; lequel peut-être un jour paraîtra à la lumière, si Dieu le permet.

C'est aussi du mélange de ces trois principes que résultent ce que les Philosophes appellent *semences*; c'est pourquoi dans ledit Livre de la *Génération* j'appelle le mélange de ces trois principes, *l'essence séminale des êtres;* montrant par des expériences assez claires que c'est par la vertu du soufre qui est dans ce mélange séminal, que toutes les semences végètent, se nourrissent et vivent un certain temps; et que comme le feu transmue facilement en sa nature toutes les matières transmuables et combustibles, de même les semences des végétaux en vertu de ce feu interne, transmuent en leur nature propre et essentielle le même suc de la terre; car la semence de l'absinthe transmue en absinthe amère le même suc de la terre comme la semence de la réglisse le transmue en suc doux, l'aigremoine en suc aigre; l'on voit aussi que les animaux par un ferment essentiel et par l'action de la chaleur qui est dans ce ferment, il transmue la même herbe, la même eau, et toute autre nourriture, en nature d'homme et en nature d'un tel homme, le lion en lion et l'agneau

ABRÉGÉ DE LA DOCTRINE DE PARACELSE

en agneau ; ce qui est un des plus grand, et merveilleux, mystères de la nature, et dont les nouveaux Philosophes par leur mécanique imaginaire ne donnent que des raisons peu solides : car quoique l'on convienne que la diversité de fibres contribue la formation des êtres particuliers ; cependant il est visible que la flamme pour transmuer les substances combustibles en flamme, n'a pas besoin des filtres que ces gens supposent, mais seulement de pénétrer et de subtiliser les parties du bois et des autres matières et de les agiter fortement, et c'est ce qui fait la chaleur que les Chimistes appellent soufre dans toutes les semences végétables, et la chaleur animale dans les ferments des animaux, mais comme de cela j'ai parlé plus au long comme je l'ai dit dans le Traité de la *Génération* des choses, il est plus à propos de reprendre notre discours.

J'ai dit ci-dessus que du mélange, des susdits trois principes (le soufre, le mercure et le sel) en résulte un composé différent selon le mélange, et les doses des susdits trois principes, lequel mélange forme ce qu'on appelle *l'essence* d'un tel être. On l'a nommé aussi *quintessence*, c'est-à-dire un cinquième être qui résulte des quatre qualités élémentaires diversement mélangées en diverses proportions.

Mais il faut remarquer que cette quintessence par les opérations chimiques ne paraît jamais qu'en forme d'une liqueur oléagineuse ou bien en forme de sel volatil, c'est-à-dire sous la forme d'une substance sèche, car le soufre ne peut paraître aux yeux à cause de son extrême subtilité et mobilité : cependant il se fait connaître par ses effets de chaleur, que le mercure ou ledit sel produisent, ou bien parce que lorsque le mercure ou le sel sont imbus de beaucoup dudit soufre ils s'enflamment facilement ; comme nous voyons que fait le soufre minéral ou le camphre parmi les sels végétables, lequel camphre quoi qu'il soit le suc d'un grand arbre dont la sève s'épaissit en forme de gomme lorsque l'humidité s'évapore : cependant on peut le donner pour exemple du soufre végétal comme le minéral est donné pour exemple du soufre qui entre dans la composition des métaux et des minéraux métalliques et lesquels les Sots prennent pour le vrai soufre des Philosophes dont nous avons parlé ; car par tout ce que nous venons de dire les sages peuvent comprendre que chaque individu a son soufre, son mercure et ton sel particulier, mélangés en doses différentes, lequel mélange forme son essence.

Ce sont donc les trois principes susdits, ou si vous voulez la quintessence qui résulte de leur mélange que les Philosophes Chimistes appellent *le pur* du mixte, parce que ces éléments sont très subtils, très pénétrants et très actifs, et qu'ils contiennent toutes les vertus et propriétés d'un tel être. Nous verrons que Paracelse l'appelle *l'élément prédestiné*, c'est-à-dire destiné à produire ces mêmes effets.

ABRÉGÉ DE LA DOCTRINE DE PARACELSE

Les éléments impurs sont le flegme et la terre morte, l'un qu'on appelle *le corps* ou *l'habitation de l'élément prédestiné*, et l'autre desquels lorsqu'ils sont séparé par l'Art et par l'industrie du Chimiste, n'ont ni la couleur, ni l'odeur, ni la saveur, ni aucune vertu ou propriété du mixte, lesquelles propriétés retient et sont uniquement dans l'essence séminale, laquelle étant répandue et comme pétrie avec cette eau et cette terre insipide, elles paraissent avoir le goût, l'odeur, la saveur et les autres propriétés, mais la vérité est que ces deux substances (le flegme et la terre morte) n'en on point d'autre que celle que peut avoir l'eau commune, et que peuvent avoir les cendres; dont on a tiré tout le sel en faisant la lessive, et lesquelles restent alors sans goût et sans aucune valeur.

La vraie Chimie consiste donc à séparer le pur de l'impur, c'est-à-dire à séparer les éléments purs qui forment la quintessence, et pour mieux dire à avoir la quintessence, la séparant des éléments grossiers qui étaient mêlés avec elle, c'est-à-dire à séparer la quintessence d'une eau flegmatique et de la terre grossière qui empêche par leur mélange l'action des éléments subtils de la quintessence que j'appelle *essence séminale*; et c'est ce que les Philosophes entendent, quand ils disent qu'il faut séparer les éléments, c'est-à-dire séparer les éléments grossiers des subtils, comme dit Hermès *separabis subtile à spisso ac lumen a tenebris*, c'est-à-dire séparer l'essence lumineuse et subtile des éléments grossiers et ténébreux.

Mais comme la nature ne fait rien en vain, mais qu'elle fait tout avec sagesse et providence, ces éléments grossiers que nous appelons *impurs* ne sont pas inutiles dans les mixtes, au contraire ils sont fort nécessaires, car ils sont comme le corps ou la boite qui contiennent l'essence susdite, laquelle par son extrême subtilité s'évaporerait et s'enfuirait si elle n'était contenue et retenue par ce corps grossier; car l'essence du corps est réellement l'âme animale, végétale ou minérale d'un tel être, laquelle âme ne peut pas subsister d'elle même et sans se dissiper si elle n'est pas retenue par quelque corps grossier.

Et c'est dans ce sens que nos Philosophes ont dit que tous les mixtes sont composés d'âme et de corps. De même ils ont dit que les semences végétales et minérales sont composées d'âmes et de corps comme les animales; le corps et la matière visible de la graine ou du minéral; l'esprit est cette liqueur subtile et spirituelle qu'ils nomment *mercure*, et l'âme est le soufre ou la chaleur qui est renfermée dans le mercure du mixte: et c'est cette âme qui fait l'action végétative et les actions animales; ce qui est visible dans les graines des végétaux, lesquelles ayant vieillie de manière que ladite chaleur subtile soit évaporée, elles ne végètent plus et sont incapables de produire; cela est visible aussi dans le sperme des animaux, qui étant tant soit peu froid,

ABRÉGÉ DE LA DOCTRINE DE PARACELSE

et s'il n'entre pas dans la matrice dans l'instant qu'il sort de l'animal, il n'est plus capable de produire ; ce qui montre suffisamment que l'âme végétale des mixtes consiste dans ce soufre chaleureux ; et il ne faut pas croire que le sperme animal n'aie pas la même ressemblance et qu'ils ne contienne le corps, l'esprit et l'âme animale ; car la liqueur visible et épaisse est son corps, mais dans cette liqueur épaisse est contenue une autre liqueur bien plus subtile qui est le vrai sperme ou mercure animal, lequel est animé de soufre ou chaleur animale, laquelle liqueur subtile et chaleureuse est le vrai mercure animal, duquel j'ai traité dans le Livre des essences séminales ; et plus au long encore dans mon Traité de la *Génération* : ou je montre comme ce sperme grossier est réduit en quintessence et vrai mercure animal en circulant dans la matrice avant que de produire l'animal.

Ce n'est pas en vain que je me suis un peu étendu sur cette matière, puisqu'il est de la dernière importance que les curieux de cet Art sachent, ces choses ; car la Pierre qu'ils cherchent est la Pierre des Philosophes et non des ignorants : il faut donc savoir que tous les corps de quelque nature qu'ils soient ont deux substances, lesquelles quoique l'une et l'autre dérive des éléments, néanmoins elles sont très différentes ; celle qui vient du mélange des éléments subtils que nous appelons *qualités* forme l'essence séminale du sujet, et c'est la partie pure qu'on nomme quintessence, essence séminale.

L'autre substance est formée des éléments grossiers, dont l'eau et la terre sont visibles, et c'est la partie impure ; la première est comme l'âme, la seconde est le vrai corps de cette âme ; dans l'âme résident, comme on l'a dit, toutes les vertus et propriétés, et elle est incorruptible, et en quelque manière immortelle ; le corps n'a aucune des vertus et des propriétés de l'âme, et ce corps n'est bon à rien et se corrompt aussitôt : car une des propriétés de l'âme est de conserver le corps de la corruption, sans elle il se putréfie et devient puant.

L'on peut aussi connaître que de ces cinq principes il n'y en a proprement que quatre que les Chimistes voient et touchent lorsqu'ils les extraient ; car le soufre, comme on l'a dit, étant invisible dans du feu aérien, il ne se fait point voir, et il ne se fait connaître que par ses effets ; de maniera qu'a proprement parler ce que le Chimiste touche avant que de le préparer, n'est que le flegme et la terre morte qui sont toujours rejetables ; et parmi ceux qu'il doit, conserver comme très purs, sont le sel volatil et le mercure.

La seconde chose très remarquable, est que dans chaque mixte il y a autant de terre morte *à proportion* que dans le même mixte il y a d'un tel mercure, c'est-à-dire autant *à proportion* que la quintessence séminale contient de mercure et de sel. Pour expliquer la chose plus clairement, remarquez, par exemple, que, la quintessence ou mercure de la laitue est composé de beaucoup d'humidité, peu de terre, et encore moins de chaleur, et par conséquent l'on trouvera dans la décomposition de tout le corps de la laitue, beaucoup de flegme et peu de terre, et dans le mercure ou essence de la laitue, l'on ne trouvera que très peu de feu ; ce que l'on connaîtra en ce que ce mercure, quoiqu'un peu épais et oléagineux, ne peut pas s'enflammer : il en résultera donc que les laitues produiront l'effet d'humecter et rafraîchir. Au contraire, le mercure ou essence séminale du doux de girofle, si elle est bien rectifiée, s'enflammera facilement, et l'on conclura qu'il abonde en soufre ; au surplus on trouvera que ce mercure est comme une huile épaisse : ce qui marque que dans ce mercure, quoiqu'humide, il y beaucoup de sécheresse et de sel volatil. Le corps impur donc que l'on séparera de ce mixte, consistera en très peu de flegme et beaucoup de terre morte, et de là vient que ce végétal produit les effets de chaleur et de sécheresse ; l'on voit donc par ces deux exemples que les éléments impurs qui forment le corps du mixte, sont en quantité proportionnelle des éléments purs qui forment la quintessence : Que si l'on demande comment il arrive que diverses graines dans la même terre attirent chacune d'elles, les proportions des éléments convenables par rapport à la quintessence, et comment la même quintessence attire ces éléments impurs pour se faire un corps convenable à la même essence.

Je réponds que les éléments grossiers de ce bas monde étant toujours mêlés ensemble avec les subtils, la semence attire à soi également les uns et les autres éléments : les éléments subtils le mêlent facilement et se changent dans la nature de la quintessence subtile, et ils l'augmentent en quantité.

Mais les grossiers restent, dans leur grossièreté naturelle, et forment ce qu'on appelle *corps*. Or que cette action arrive par la structure des fibres qui ne donnent passage qu'aux particules d'une certaine nature, comme les nouveaux Philosophes le prétendent, mais ce qu'on ne peut pas dire des métaux, des pierres précieuses, et autres minéraux, ou que ce soit ; comme je l'ai indiqué ci-dessus, à cause d'une vraie transmutation des éléments qui sont appropriés et volatilisés par la vertu de l'essence, et principalement du soufre igné qui est en elle, cela ne fait rien notre affaire : il suffit que l'expérience fasse voir la vérité du fait, car la vraie raison Dieu la sait ; il est certain que c'est un des grands mystères de la nature, de savoir comme l'essence qui est dans chaque graine change le même suc de la nature et propriété ; comme aussi que les éléments grossiers soient attirés en proportion égale aux subtils qui forment l'essence séminale.

Mais afin de ne rien omettre de ce qui peut donner de la lumière aux vrais Philosophes curieux pour entendre les Livres obscurs de nos Philosophes

ABRÉGÉ DE LA DOCTRINE DE PARACELSE

Chimistes; je crois devoir faire remarquer que le soufre, le mercure et le sel des Philosophes est dans toutes les choses puisque c'est du mélange de ces qualités que l'essence des mixtes est formée.

En second lieu il est à remarquer que chaque mixte a son soufre, son mercure et son sel particulier et spécifique c'est-à-dire qui fait non seulement qu'une espèce est différente d'une autre espèce, mais qu'un homme et un animal est différent en quelque chose d'un autre homme, comme un animal est différent d'un autre animal de la même espèce.

C'est pourquoi les Philosophes ont raison de dire que leur soufre et leur mercure est partout et en tous les corps, car leur soufre n'est que ce que les Médecins appellent *chaleur naturelle*, et leur mercure est ce que les mêmes nomment *humidité radicale*, c'est pourquoi en disant que le soufre et le mercure est en toutes choses, et que rien ne peut vivre sans eux, ils disent vrai; mais quelques uns ajoutent que quoique ces deux principes soient en toutes choses, néanmoins pour leur intention principale qui est de composer la Pierre philosophale, le soufre et le mercure convenables sont plus proches en certaines choses qu'en d'autres; c'est-à-dire que l'ouvrage de la Pierre philosophale qui est le grand but où les Chimistes aspirent, le soufre et le mercure propre et la composer est plus proche et plus propre dans certains corps qu'en d'autres.

Il ne faut pas m'imputer à faute d'avoir omis de parler du sel, et de n'avoir fait mention que du soufre et du mercure; car ayant déjà montré que le soufre est invisible et qu'il ne paraît que par les effets, j'aurais pu dire que j'ai imité nos anciens Philosophes qui n'ont pas fait mention du sel, parce que le vrai mercure philosophique non seulement contient son soufre invisible, mais aussi son sel subtil et volatil, de manière que celui qui a le vrai mercure de quelque corps, il a dans le mercure tous les trois principes conjoints, et il n'a que faire de les chercher: c'est pourquoi nos Philosophes ont établi cette maxime irréfragable, Que dans le mercure est tout ce que les sages cherchent, *est in mercurio quidquid querunt sapientes*, car en effet comme on l'a déjà dit, la chaleur ignée et aérienne ne peut subsister sans l'humidité gluante et oléagineuse qui le retient: et cette humidité ne peut être gluante et huileuse si des particules sèches et salines ne sont pas mêlées intimement avec elles, et cette humidité merveilleuse gluante est en tous les corps de quelque nature qu'ils soient; et quoique dans les corps métalliques cette humidité ne paraisse pas à cause que la siccité terrestre a prédominé après leur végétation: comme elle prédomine enfin dans le corail et dans plusieurs autres plantes, lesquelles après avoir végété se durcissent comme des pierres; cependant cette humidité radicale ne laisse pas d'exister en eux comme dans tous les autres corps, ce qui paraît en ce que tous les métaux et minéraux fluent au grand feu, et que les mêmes pierres se fondent et fluent de même, plus ou moins facilement à proportion de l'humidité qu'elles contiennent, n'y ayant que les corps absolument destitués de toute sorte d'humidité, qui ne fluent point ou très difficilement au feu ; cette humidité essentielle des métaux, particulièrement celle des plus parfaits est précieuse sur toutes les choses du monde ; comme étant leur mercure séminal, et capable de végéter et produire, si on la sème et on la projette en une terre douce d'une humidité métallique.

Mais une chose est remarquer, c'est que l'intention de tous les Philosophes Chimistes a été toujours d'avoir le mercure des corps qui est leur véritable essence séminale, végétale et transmutative ; et c'est ce qui a fait (comme dit Cosmopolite) que les Anciens n'ont parlé que du mercure et des soufres qu'il contient, omettant le sel, comme se trouvant aussi dans le mercure qui contient le volatil qui est le seul qui est bon dans la philosophie des Adeptes ; car le sel fixe (comme on l'a dit) contient encore beaucoup de terre grossière qu'on ne peut pas séparer qu'avec peine, mais comme le sel volatil et subtil se trouve dans le vrai mercure, l'on ne se met pas en devoir de volatiliser le sel fixe qu'en certains cas.

C'est la raison pour laquelle on n'a guère parlé de ce troisième principe qu'on appelle *sel*. Paracelse se vante que c'est lui qui l'a mis en vogue ; ce n'est pas à dire que l'on ne le connût pas avant lui, car Raymond Lulle et plusieurs autres en ont parlé, mais comme je l'ai dit, ils ne se sont pas mis trop en peine d'extraire et séparer ce principe : puisque dans leur mercure tout y était, et qu'on n'avait pas besoin d'autre chose ; *est in mecurio quidquid querunt sapientes*.

Mais je ne peux point me passer de dire encore ce que je crois avoir indiqué, c'est-à-dire que chaque chose ayant son mercure, il y a autant de mercures qu'il y a de choses, et que le mercure d'un végétal, ou d'un minéral, ou d'un corps de même espèce, quoiqu'il se ressemble fort, n'est pas précisément le même qu'un autre mercure, et c'est ce qui fait que les animaux, les végétaux et les minéraux de même espèce ne sont pas parfaitement semblables, n'y ayant pas un arbre de pêché ou d'abricot qui produise le fruit d'égale bonté, quoiqu'ils soient plantés l'un contre l'autre, et dans la même terre et dans la même exposition ; on le voit encore plus clairement dans les hommes et dans les animaux que nous avons occasion de fréquenter et observer, car le mercure qui forme leur essence étant ou plus igné ou plus aérien, ou plus humide, ou plus salin, fait la diversité des natures et des inclinations de quelque chose que ce soit ; et notez que le mot de mercure que l'on donne au vif-argent a trompé bien des gens, car son nom est argent-vif, lequel argent-vif a aussi

ABRÉGÉ DE LA DOCTRINE DE PARACELSE

son mercure essentiel et particulier qui est sa vraie essence, aussi précieuse et aussi estimable que celle de l'or, d'autant que sans le mercure essentiel du vif-argent, on ne peut pas avoir celle de l'or qui à la vérité est plus précieuse que toutes les choses du monde : et notez aussi qu'on ne donne le nom de mercure à l'argent-vif, que pour marquer cette matière que la nature a crée (l'argent-vif) laquelle est une humidité sèche, et la substance la plus semblable et qui contient le vrai mercure philosophique, car le mercure philosophique de tous ces corps lorsqu'il est très parfait, est une humidité qui se congèle au froid et qui est très fluide à la moindre chaleur, et également volatile comme le vif-argent ; excepté l'essence, le vrai mercure de l'or qui est essentiellement fixe.

Il ne faut donc pas de laisser tromper de ceux qui parlent du mercure, car le vrai mercure des Philosophes est l'humidité radicale de chaque corps et sa véritable essence ou semence, que j'ai appelé essence séminale dans mon autre Traité, parce qu'elle transmue l'humidité convenable à sa propre nature comme le mercure ou l'essence séminale d'une plante transmue l'humidité de la terre en sa propre nature spécifique, ce qu'elle fait en vertu de son propre soufre qui avec le mercure salin forme l'essence séminale d'un tel corps ; c'est pourquoi il faut comprendre que le mercure de la sauge est différent du mercure de l'absinthe, et le mercure du sel est différent de tous les deux : et que parmi les métaux, le mercure du vif-argent en quelque manière est différent du mercure de l'or qui est fixe, le mercure du vif-argent étant volatil par où l'on peut voir qu'il n'y a point ou peu de rapport du mercure d'une espèce au mercure d'une autre espèce : ce qui est un grand secret.

Les Philosophes Chimistes paraissent n'avoir autre dessein dans leurs Livres que de tromper leur Lecteur, car ils disent certaines choses moins pour les enseigner en effet, que pour induire le Lecteur en erreur. Tel est, par exemple, ce qu'ils disent que tous les mixtes sont composés d'âme et de corps, et quelques-uns qui veulent parler un peu mieux, disent qu'ils sont composés d'âme d'esprit et de corps.

Pour entendre ces termes il est aisé de comprendre que par l'âme ils entendent la substance plus pure, c'est-à-dire l'essence, et que le corps n'est que la substance impure qui est de deux sortes, c'est-à-dire ce qu'ils appellent *flegme* qui est une eau puante et quelque fois semblable à une eau insipide, suivant les mixtes d'où on la tire, l'autre substance est une terre morte sans goût, et l'un et l'autre sans aucune vertu, ni aucune des propriétés du mixte.

Mais ceux, qui ont parlé plus juste, ont ajouté l'esprit à l'âme, cette âme est formée de ce soufre composé de ce feu céleste et d'air subtil qui fait toute l'action ; mais parce que cette substance subtile et mobile ne pourrait se joindre ni s'unir au corps grossier du mixte (suivant la doctrine véritable de Pythagore) il a été nécessaire d'un esprit médiateur qui, participât de la subtilité de l'âme, et en partie aussi de la substance matérielle et grossière du corps, et ce médiateur est l'humidité radicale, subtile, mais gluante qu'on nomme mercure ; c'est pourquoi les Égyptiens et les Grecs qui ont suivi Pythagore, ont dit que le mercure était le Conducteur des âmes, et que du ciel il les menait dans les corps : *mercurium esse ductorem animarum*, dit Pythagore chez Diogène l'avare.

Ils ont appelé aussi le mercure sperme, non seulement parce que cette humidité est gluante comme le sperme des animaux, mais parce qu'elle en contient toutes les propriétés, car le sperme animal est composé de corps visibles, d'esprit subtil et enfin d'âme céleste très bien unis ensemble, comme aussi parce qu'elle contient la vraie essence séminale et multiplicative, provenant de l'âme céleste qui est le feu éthéré, et c'est pourquoi elle est appelée *essence séminale* : par le moyen de cet esprit mercuriel, l'âme est unie au corps grossier et terrestre.

Et il est à remarquer que les métaux ont ce sperme comme toutes les autres choses, car les métaux végètent comme les plantes comme je l'ai dit au long dans le Traité des essences séminales que Monsieur de la Haumerie a fait imprimer, et dans le Traité de la Génération, car tous les corps métalliques prennent leur existence et leur nourriture de cette humidité spermatique et gluante, dans laquelle peu à peu la terrestréité saline et minérale venant à prédominer ils le durcissent, de manière que l'âme interne ne pouvant plus se mouvoir ils paraissent morts, de même que le corail et plusieurs autres plantes qui se pétrifient après avoir végété. Or toute l'industrie des Philosophes tend, comme dit d'Espagnet, à dégager le mercure séminal qui convient à l'âme minérale qui est dans le mercure spermatique de l'or, à le dégager, dis-je, de la terrestréité qui l'opprime, afin qu'elle puisse végéter et multiplier, et produire son semblable ; mais peu de gens veulent entendre cette bonne doctrine, ou bien peu de gens sont capables de l'entendre.

Il y aurait beaucoup d'autres choses à dire sur le mercure qu'on appelle *philosophique*, mais ceux qui sont bons Physiciens n'ont pas besoin d'un plus long discours, il suffit pour les autres de savoir que le mot *mercure* ne signifie pas l'argent-vif, car l'argent-vif a aussi son mercure, c'est-à-dire une substance pure qui est sa quintessence séminale, et que tous les êtres ont leur mercure particulier, l'un différent de l'autre.

La même chose doit s'entendre du soufre, car le soufre dont les Philosophes Chimistes parlent, est un feu céleste dont tous les corps mixtes ont quelques étincelles, les uns plus, les autres moins, et par conséquent tous les soufres sont différents, et ce soufre et proprement ce qu'on appelle *âme du*

ABRÉGÉ DE LA DOCTRINE DE PARACELSE

monde; cette âme est soufre végétal dans les végétaux, minéral dans les minéraux et animal dans les animaux; en chacun desquels il fait diverses opérations, suivant les proportions des éléments et suivant aussi leur organisation.

Le mercure donc est le soufre dont parlent les Philosophes Chimistes, qui est dans toutes choses, mais comme j'ai dit, ils en parlent de manière que les sots croient que le vif-argent commun et le soufre des allumettes, et autres liqueurs et substances enflammées, sont le soufre et le mercure dont les Philosophes Chimistes parlent; ils disent bien que leur soufre et leur mercure ne sont pas les vulgaires, et qu'ils sont partout, mais ils n'expliquent pas la chose, et moins encore la manière d'extraire cette quintessence mercuriale, chaleureuse, et on peut dire en vérité que Paracelse nous a donné une claire lumière sur cet article important, nous montrant en même temps (autant qu'il est permis) la manière d'extraire de tous les mixtes, cette quintessence précieuse qu'on nomme *mercure* et qui contient le soufre et le sel.

Je finis cet article, en exhortant, l'Artiste à prendre garde, quand il veut extraire cette, quintessence des corps auxquels il est nécessaire de mêler quelque chose d'étranger, à prendre garde, dis-je, à la convenance des choses.

C'est un des préceptes plus importants que Paracelse lui-même nous donne après ses Prédécesseurs, lesquels tous d'accord ont dit qu'il ne faut ajouter aucune chose d'étrange à la Pierre: c'est-à-dire à la matière de la Pierre, ou vous gâteriez tout, d'autant, disent-ils, que la nature se réjouit avec les choses de sa nature, et de deux semences diverses vous ne pouvez jamais faire de génération, ou bien elle sera monstrueuse.

Il est inutile d'ajouter ici que pour séparer le pur de l'impur; c'est-à-dire l'âme du corps, il faut séparer les éléments impurs des éléments purs et subtils, car Paracelse nous en instruira au long, il suffit de remarquer que la séparation tant célébrée des éléments, consiste comme dit Hermès à séparer le pur de l'impur, le grossier du subtil et l'âme du corps. Paracelse nous montrera dans le Traité suivant les moyens que les autres nous cachent.

.Il nous montrera aussi la pratique de ce que les autres disent seulement par théorie; il nous montrera que pour séparer le gros du subtil, il faut que la corruption précède afin que les particules se disjoignent sans quoi nous ne pourrions séparer le grossier du subtil.

L'on verra aussi chez lui en quoi consiste cette grande règle des Philosophes Adeptes; *qu'une essence extrait facilement une autre essence*, et l'on trouvera aussi dans le chapitres Magistères, qu'une essence puissante peut changer en essence (à l'exception de peu de substance grossière) la plus grande partie du corps impur de même espèce, comme l'on voit que les ferment essentiels des animaux changent en animal, toute la nourriture, à l'exception de peu d'excréments.

L'on verra enfin que toutes les essences spermatiques et séminales sont de grands remèdes pour différentes maladies : l'on verra aussi comme de diverses quintessences mêlées ensemble, on peut composer des Élixirs et autres médecines universelles pour toutes sortes de maux ou du moins pour la plupart des maladies, comme aussi pour conserver et prolonger ses jours, lesquelles choses étant écrites au long par cet excellent Auteur, il faut le voir lui-même qui parlera mieux que moi ; ce que j'ai dit la n'étant que pour rendre encore plus claire la doctrine de ce grand Philosophe : car je le répète ; ceux qui sans principes de Physique veulent s'adonner à cet Art sublime perdront leur temps et leur argent ; car la Pierre des Philosophes est le point le plus sublime de la Physique : et comme dit Geber, les Physiciens sont plus proche d'acquérir cette science, mais les autres en sont si éloignés que jamais ils n'y parviendront à moins que quelque Adepte ne leur montre, ce qui est très rare.

ABRÉGÉ DES DIX LIVRES DES ARCHIDOXES DU GRAND PARACELSE

Préface Du même Auteur, et qui passe pour son premier Livre

PARACELSE, dans le premier Livre, expose que le monde n'ai qu'une imposture de la plupart des hommes qui professent plusieurs Arts ou Métiers, lesquels n'ont d'autre fin que de faire leur propre fortune, sans se mettre beaucoup en peine de faire le bien de ceux à qui ils débitent leur marchandise. De ce nombre, dit-il, sont les Médecins, dont la plupart sont très ignorants, se vantant de pouvoir guérir les maladies par des saignées, ou par des décodions d'herbes, ou autres drogues peu efficaces, qui traînant d'ordinaire les maladies en longueur, ils en tirent un plus grand profit; au lieu que s'ils s'appliquaient à trouver des remèdes bons et efficaces, ils pourraient guérir en deux ou trois jours les maux les plus dangereux et les plus obstinés, et les plaies et les blessures en vingt-quatre heures.

Paracelse promet donc d'indiquer dans ces dix livres toute la science de la Médecine plus sublime et plus efficace, non seulement pour guérir les maladies, mais pour perfectionner le corps humain; de manière, qu'il puisse se conserver en santé et pour le maintenir en jeunesse jusqu'à la mort, et même de prolonger nos jours par des remèdes tirés, tant des végétaux que des minéraux, et même des métaux les plus parfaits.

Et d'autant que les médecines tirées des métaux les plus parfaits (c'est-à-dire de l'or et de l'argent) mon seulement sont des Médecines pour le corps humain, mais elles peuvent perfectionner les autres métaux imparfaits; il s'ensuit qu'il enseignera aussi la manière de perfectionner les métaux imparfaits et de les transmuer en or et en argent.

Mais il déclare que comme peu de gens sont dignes d'apprendre des choses si sublimes, il ne les écrira que d'une manière que le vulgaire n'y entendra rien, et que seulement ceux de son école y comprendront quelque chose.

Et pour mettre ces secrets en plus grande fureté, il dit qu'il ne publiera point le dixième livre qui est en quelques manière la clef des autres neuf.

Je ne fais donc pas espérer dans ces neuf Livres d'apprendre tout à fait la pratique des choses dont il parle; il a fait comme tous les autres philosophes Chimistes, lesquels, comme dit Geber, n'enseignent pas entièrement l'art, mais seulement ils nous en donnent du goût; et la plupart ne parlent que de la théorie, et point de la pratique.

Cependant Paracelse a mieux fait que tous les autres, il a parlé assez de la théorie, mais beaucoup plus de la pratique: il a fait encore plus il a nommé les choses par leur nom; et quoique souvent il l'ait déguisé, cependant les gens

ABRÉGÉ DE LA DOCTRINE DE PARACELSE

d'esprit les connaissent facilement. Mais avec tout cela, comme je l'ai dit; il ne faut pas prétendre qu'il ait donné la pratique d'une manière assez claire dans ces neuf livres, ni penser qu'on puisse acquérir la science entièrement par la lecture de ces livres; on peut seulement en avoir un goût plus fondé, et une connaissance plus claire et plus distincte, que les autres ont plus caché qu'ils ne nous ont éclairci.

Il est vrai que Paracelse quelque temps avant sa mort étant sollicité par ses amis qui goûtaient sa doctrine, donna enfin en une grande feuille ce dixième livre qu'il voulait supprimer, et qui est en quelque manière la clef de ses autres livres, mais cette clef aurait besoin encore d'une autre clef. Cependant comme elle ne laisse pas de donner beaucoup de lumière aux choses encore plus obscures, je ne laisserai pas de l'insérer dans chaque livre afin que le lecteur en puisse profiter autant qu'il est possible, et on verra qu'en effet elle est d'une grande utilité. En un mot Paracelse nous a laissé une doctrine fondée sur la physique fort claire Et intelligible, laissant à l'ouvrier de travailler, pour trouver ce qu'il a omis suivant ce que cette science requiert; n'étant pas possible de tout dire et de tout enseigner, à moins de vouloir renverser l'ordre des choses de ce monde.

Il nous reste à dire quelque chose de cet Auteur, qu'on estime avoir fait une école séparée et différente de celles de ses Prédécesseurs, ce que je crois n'être pas tout-à-fait vrai car la seule différence que j'y trouve, et que tous ceux qui auront lu beaucoup de Livres des Philosophes Chimistes trouveront aussi, c'est que celui-ci a écrit plus clairement que les autres et avec des principes d'une véritable philosophie; et c'est pour cela que j'ai crû qu'on devait s'attacher sa doctrine. Il est pourtant vrai que par sa méthode l'on peut faire beaucoup de choses dans la Médecine et dans la Métallique, qu'on ne saurait pas faire par une autre méthode.

Je me suis donné aussi la peine non seulement de traduire en français son ouvrage pour ceux qui n'entendent pas le latin; mais encore d'abréger la doctrine la plus importante de ce grand homme, et même j'y ai donné un meilleur ordre, et j'ai encore ajouté de plus ce que l'expérience et la théorie physique m'ont fait connaître.

Les Médecins qui n'ont pas goûté la doctrine de cet Auteur, choqués d'ailleurs des injures qu'à tout moment il vomit contre eux, et contre leur charlatanerie, ont tâché de le désigner, disant qu'il entait un ivrogne de profession, et qu'étant ivre il n'écrivait que ce que les fumées du vin lui dictaient.

Mais il est constant par l'histoire et par la tradition, que Paracelse, quoique un peu ami du vin comme étant Suisse de nation, a été un Médecin merveilleux, et qu'il guérissait facilement les maladies que tous les autres appellent

ABRÉGÉ DE LA DOCTRINE DE PARACELSE

incurables; et on lit encore dans l'Hôpital de Salzbourg où il a voulu être enterré, l'épitaphe suivant gravé en un beau marbre.

Ci-gît Philippe Théophraste Médecin insigne

Lequel par un Art merveilleux sût guérir les plus fières maladies que l'on croyait incurables c'est-à-dire la Lèpre, la Goutte, l'Hydropisie et autres semblables; il a laissé ses biens pour être distribués aux pauvres; il est mort l'année 1541, le 24 Septembre.

Les invectives contre les Médecins dont tous ses livres sont pleins, lui ont attiré la haine et les impostures de tous les Professeurs en Médecine de son temps, et encore après, lesquels ont écrit ou parlé contre luis mais néanmoins plusieurs autres qui ont goûté sa doctrine, et qui en ont su profiter, ont rendu témoignage du savoir de ce grand homme, comme a fait le fameux Quercetanus, Ramus, Barucens, Gellius, Adamus, et plusieurs autres fameux Médecins conviennent que Paracelse a pénétré la nature, et qu'il en a écrit d'une manière divine. Le même Oportinnus qui s'était le plus déchaîné contre Paracelse pendant qu'il vivait, ayant enfin goûté et profité de ses écrits, chante la palinodie, avouant Le tort qu'il avait eu, et il confesse que Paracelse est un homme divin, que personne n'a écrit si profondément; et que non sans raison Paracelse s'était donné le titre de Monarque et de Prince de la Médecine.

Mais ce qui lui a attiré un décrit universel de tous les Ecclésiastiques, c'est que Paracelse avait écrit plusieurs livres de magie, et autres, qui sentent l'homme superstitieux et peu religieux: ce qui a donné occasion non sans raison de le faire passer pour un Magicien impie, et pour un fou extravagant. Ajoutez encore à cela que ses écrits sont très obscurs et composés la plupart avec peu de méthode et avec des termes nouveaux, et des noms déguisés, pleins de beaucoup de discours qui paraissent superflus.

Mais ce défaut ne se trouve guère que dans les matières qu'il déclare lui-même qu'il veut cacher en partie aux ignorants; car dans les livres de chirurgie et dans les autres où il traite de la nature et de l'origine des maladies tartareuses où il peut parler clairement, on voit que cet homme a pénétré dans cet art plus profondément qu'aucun autre avant lui: il est vrai aussi qu'il n'a fait qu'indiquer les remèdes les plus efficaces dont il se servait pour faire dies guérisons miraculeuses, et qu'il n'en a point enseigné la composition; mais la plupart des hommes en ont usé de même: la vanité humaine, ne voulant pas volontiers se rendre les autres, hommes égaux, mais ils veulent se conserver (quand ils le peuvent) la supériorité sur les autres.

Au reste il faut convenir que Paracelse, aimait à boire, et que le vin rendait

ABRÉGÉ DE LA DOCTRINE DE PARACELSE

encore plus impétueux son esprit naturellement chaud : c'est peut-être ce qui a fait qu'il est mort jeune ; et de cette mort en jeunesse, les adversaires ont conclu que si les remèdes, eussent été si bons qu'il les vante et qu'ils eussent la force d'allonger la vie comme il le dit, même au-delà du cours naturel, il se serait guéri lui-même et il aurait vécu plus qu'un autre.

Mais la tradition porte que ses ennemis l'empoisonnèrent en une débauche de vin à quoi il était facile de le porter, et qu'étant ivre et endormi, ils lui ôtèrent les préservatifs qu'il portait toujours sur lui ; de manière que le poison ayant fait son effet, les remèdes ne purent plus agir.

Quant à savoir s'il possédait la pierre philosophale, comme il l'assure, et comme il en parle mieux qu'aucun autre, c'est-à-dire d'une manière convenable à un si grand mystère ; ses Adversaires le nient particulièrement ceux qui veulent que cette pierre philosophique soit une pure imagination des fourbes et charlatans, mais l'expérience m'a convaincu que cette pierre n'est pas une imagination et qu'il faut convenir que ceux qui aiment cet Art et qui entendent les écrits des bons Philosophes avoueront facilement que Paracelse en a été véritablement, possesseur, outre que plusieurs témoignages oculaires, et particulièrement quelqu'un de ses amis ou domestiques lui ont vu faire la transmutation des métaux imparfaits, en or. Pour moi, qui par des propres expériences suis convaincu qu'il y a un Art de perfectionner les métaux, je ne doute pas que Paracelse n'en ait été possesseur : et ses écrits que j'estime au-dessus de tous les autres, me le persuadent encore plus que toute autre relation.

Abrégé du livre second et troisième avec une partie
du quatrième des Archidoxes

En premier lieu, Paracelse enseigne avec l'obscurité qu'il a promise, afin dit-il, que les ignorants et indignes ne pénètrent pas son intention ; il enseigne dis-je, que tous les corps sont composés des quatre éléments dans un certain mélange et proportions déterminées. Que de ce mélange il provient un élément prédestiné (et particulier) mais quoique les éléments soient discordants et contraires entre eux, ils s'accommodent pourtant, dit-il, de manière que dans ce mélange il y en a un qui prédomine toujours sur les autres. Il veut que dans ce mélange ceux qui sont inférieurs sont à l'égard du dominant comme une légère culture à l'égard de la substance de la pierre où elle est gravée ; c'est pourquoi, ajoute-il, les autres trois éléments, à peine doivent être considérés comme des éléments, puisqu'ils ne sont pas des éléments parfaits. C'est pourquoi il ne faut avoir égard qu'à la conservation de l'élément parfait, qu'il

ABRÉGÉ DE LA DOCTRINE DE PARACELSE

appelle *élément prédestiné*, parce qu'il est destiné à former un être de telle nature, de telles vertus, et propriétés; et il ajoute que cet élément est incorruptible et inaltérable et que lui seul contient toute la force et la vertu du mixte, d'où vient qu'il ne faut pas considérer les autres éléments comme des vrais éléments, l'élément prédestiné étant le seul et véritable élément.

Ce que Paracelse a dit ici ne serait qu'un galimatias fort obscur, si dans les livres suivants et ailleurs il n'expliquait plus clairement ce qu'il veut dire; cet élément dominant sur les autres et qu'il appelle prédestiné, et ailleurs *quintessence*. On la nomme quintessence, parce que, pour ainsi dire, c'est un cinquième élément composé des quatre qui forment un cinquième être; comme je l'ai expliqué au long dans l'introduction, cet élément prédestiné résulte donc d'une certaine mixtion précise des quatre qualités; c'est-à-dire des particules plus subtiles et invisibles des éléments, que l'école appelle éléments élémentants, je le redis encore que de ce mélange des quatre qualités, il en résulte ce qu'il appelle élément prédestiné: c'est-à-dire un élément ou substance particulière qui n'est aucune des quatre; et comme cette substance est composée de parties extrêmement subtiles, si bien mêlées ensemble, que l'une ne quitte pas facilement l'autre, et qu'elles ne donnent pas d'ingrès à d'autres plus grossières, il en arrive que cet élément ou quintessence n'est pas corruptible ni sujet à corruption, si ce n'est par une autre plus subtile et plus pénétrante; et que par une semblable subtilité et convenance de nature ils puissent se mêler ensemble: et on ne peut pas douter que cet *élément prédestiné* ne soit ce qu'on nomme quintessence. Paracelse le faisant connaître clairement dans tout ce qui suit et en propre terme il dit ces paroles. Il faut entendre, dit-il, que ce que j'appelle élément prédestiné est quintessence. *Per id inteiligitur pedestinatum elementum quintam essentiam esse.*

Il faut donc entendre que c'est cet élément subtil que la nature forme du mélange des quatre qualités subtiles qui contient toute et la vertu propriété du mixte de manière que ces autres éléments grossiers avec lesquels la vraie essence est mêlée, ne doivent être considérés pour rien, si ce n'est comme des éléments imparfaits, et comme un corps impur et sans aucune puissance; et lesquels au contraire par leur mélange avec cet élément pur et essentiel, ôtent une partie de la force à la quintessence, de même que l'eau qu'on mêle avec l'esprit de vin qui est l'essence du vin, diminue la force des effets de ladite essence du vin, qui est son esprit.

L'intention donc de Paracelse, est de séparer, ces éléments impurs, de manière que l'élément prédestiné qui est la quintessence, reste seul et sans aucune tache, comme il le dit. *Ut quintam essentiam habeamus puram et imma-*

culatam, laquelle séparée de ce corps, élémentaire impur, est en très, petite quantité mais d'un grande efficace.

    Les Philosophes Chimistes ont parlé de cette séparation des éléments avec tant d obscurité, qu'on n'aurait jamais pu rien entendre, si Paracelse ne nous eût éclairci ce mystère : et que dans le même, temps il ne nous donnât occasion de connaître que cet élément prédestiné qui est l'essence du mixte, et qui paraît en forme d'une humidité plus ou moins oléagineuse, est plus ou moins gluante suivant la nature du mixte : cette humidité gluante, et essentielle, dis-je et que les philosophes appellent leur mercure qui est en toute choses, et sans lequel rien ne peut vivre, étant la vraie humidité radicale du sujet et qui contient en soi son soufre ou chaleur naturelle. C'est pourquoi ils ont dit avec raison, mais obscurément, que dans le mercure l'on trouve tout ce que les sages désirent. *Est in mecurio quidquid querunt sapientes.*

    Quant aux éléments impurs que Paracelse dit qu'il ne faut pas considérer comme des véritables éléments, j'ai déjà montré dans l'introduction, que ce sont le flegme et la terre morte qui sont les deux éléments, qui seulement sont visibles dans le mixte : le feu et l'air par leur subtilité échappent à nos sens ; mais il faut regarder cette eau flegmatique et cette terre grossière et insipide comme le corps pur et corruptible dans toutes lest parties duquel la quintessence est répandue comme l'âme dans les membres de l'animal, et desquels l'Art chimique peut et doit la séparer pour avoir l'essence toute pure, et dont la vertu est affaiblie par le mélange de la terre et de l'eau flegmatique, comme la vertu et force du vin est affaiblie, comme on l'a dit, quand on y mêle de l'eau ou autres choses qui sont de nature contraire.

    Cette quintessence pure ainsi séparée de son corps terrestre, est une Médecine très efficace contre toutes les maladies, suivant les propriétés particulières de la même essence, ce qui provient d'un mélange particulier et inconnu des particules des quatre qualités élémentaires. Et comme cette essence séminale, se peut tirer aussi de tous les minéraux et métaux : elle peut être très excellente, non seulement pour les maladies du corps, mais elle peut être bonne aussi pour perfection des métaux, comme on le verra dans la suite.

    Mais avant que de venir à la pratique de la séparation des éléments impurs, pour avoir la quintessence pure que nous appelons aussi essence séminale, je crois à propos de rapporter ici mot à mot ce que Paracelse dit de la quintessence, de sa nature, de ses vertus et de ses propriétés, afin que le lecteur en connaissant la valeur de cette chose précieuse, il soit plus volontiers excité à mettre tous ses soins, et employer tout le travail nécessaire pour l'obtenir, et que dans le même temps on connaisse la grandeur et profondeur d'esprit de notre Auteur.

ABRÉGÉ DE LA DOCTRINE DE PARACELSE

*Le quatrième livre des Archidoxes du grand
Paracelse de la quintessence*

Ci-devant, dit Paracelse, nous avons parlé de la quintessence qui est dans toutes les choses: il faut à présent expliquer ce qu'elle est. « La quintessence est une substance qui se peut tirer de toutes les choses que la nature produit et qui ont en soi la vie: laquelle substance très subtile, doit être purifiée au souverain degré et nettoyée par la séparation des éléments impurs et grossiers qui la tenaient enveloppées par laquelle séparation elle reste dans sa seule propre nature incorruptible. »

« D'où il en résulte qu'on doit considérer la quintessence comme la nature, la force, la vertu et la Médecine qui était enfermée dans le mixte, et qui par l'Art a été tirée du corps où elle était enfermée, et duquel on l'a délivrée. C'est elle qui est la couleur, la saveur, l'odeur, la vie et les propriétés des choses, c'est un esprit semblable à l'esprit de vie, avec cette différence, que l'esprit de vie des autres choses est permanente: mais celui de l'homme est mortel c'est pourquoi de la chair et du sang de l'homme l'on ne peut pas tirer une quintessence totale et qui rende immortel: parce que l'esprit de vie qui est encore l'esprit des autres vertus ou facultés naturelles meurt, et que la vie existe dans l'âme, et qu'on doit entendre aussi des animaux, parce que la quintessence est l'esprit de la chose qui, ne se peut pas tirer des animaux sensibles, comme on le peut tirer des choses insensibles: Car la mélisse par exemple a en soi un esprit de vie, lequel est sa vertu, sa vie, et une Médecine qui conforte l'esprit. Animal; et quoique la mélisse soit séparée de sa racine, néanmoins elle a en elle cet esprit de vie avec ses vertus: parce que cet élément prédestiné en elle est fixé, c'est-à-dire il n'est pas évaporé quoiqu'elle soit sèche; c'est pourquoi on peut séparer de son corps la quintessence quoiqu'il paraît mort, et aussi le préserver de la corruption suivant sa prédestination. Que si nous pouvions tirer des cœurs l'esprit qui nous donne la vie, et qui nous préserve de la corruption pendant que nous, vivons, sans doute avec une telle quintessence nous serions immortels; ce qui nous est impossible: c'est pourquoi il nous faut attendre la mort, qui arrive quand cet esprit volatil s'évapore, ou qu'en quelque manière il est étouffé par les superfluités des éléments grossiers. »

« Étant donc vrai que la quintessence est la vertu des choses, il nous faut expliquer comment elle est la vertu de la Médecine. Le vin contient en soi une quintessence de grande vertu et en grande quantité, par laquelle il fait des actions admirables: cependant les opérations qu'il fait ne les fait pas, d'autant que simple vin, mais en vertu de l'esprit de vin qui est en partie la quintessence, lequel étant séparé du corps du vin, il est évident que ce corps

ABRÉGÉ DE LA DOCTRINE DE PARACELSE

n'a plus les vertus qu'il avait auparavant et s'il en a encore quelqu'une, c'est que toute la quintessence n'a pas été encore bien séparée ; concevez de plus que la quintessence est répandue dans toute la liqueur qu'on appelle vin, et qu'elle donne à toutes ces parties un peu de sa vertu. Voyez un peu de fiel jeté dans l'eau, il rend toute l'eau amère, quoique l'eau soit en quantité cent fois plus grande. »

« De même une petite quantité de safran teint en jaune une grande quantité d'eau : laquelle n'est pas pour cela tout safran quoiqu'elle en ait la couleur, le goût, l'odeur, et même un peu de ses vertus spécifiques. Il faut concevoir la même chose de l'essence de tous les corps, entendre qu'elle est répandue de même dans toute la substance du bois, dans les herbes, dans les pierres, dans les sels, dans les minéraux et métaux, et dans tous les autres corps créés, et qu'elle est dans ces corps comme un homme qui habite dans une maison, et que la maison est différence de celui qui y habite : car celui qui l'habite est celui qui agit en elle ; de même la quintessence agit dans les corps dans lesquels elle est, et dont elle est comme l'âme ; le reste n'étant qu'un simple corps corruptible et impur, composé des éléments grossiers et sans aucune vertu, comme je le dis dans le Livre des séparations (et comme je l'ai montré au commencement dans la Préface ou Traité des trois Principes.) Et il ne faut pas croire que la quintessence soit quelque chose au-delà des éléments : car elle-même est élément (c'est-à-dire un composé des éléments en certaines proportions) et il ne faut pas dire non plus qu'elle m'est ni chaude, ni froide, ni humide, ni sèche : car il n'y a rien qui ne soit tel. J'ai montré au Traité des Principes, que la quintessence qui est la même chose que le mercure, est un composé des quatre qualités ou particules plus subtiles des éléments, et certaines doses et proportions que la nature a faites (et qu'elle seule peut faire) car, dit Paracelse toutes ont la nature des qualités élémentaires ; l'essence de l'or par exemple tient de la nature du feu, ou de la chaleur du feu céleste, non brûlant, mais vivifiant : l'essence de l'argent tient de la nature humide de l'eau ; l'essence de Saturne tient de la terre froide et sèche ; et l'essence du vif-argent tient des qualités de l'air, lui donne n'étant qu'une manière d'air épaissi dans les entrailles de la terre et d'une subtilité extrême : ce qu'il faut bien observer pour comprendre la nature de ce minéral admirable. »

« Quant à ce que la quintessence est une Médecine qui guérit toutes sortes de maladies, cela ne vient pas à cause du simple tempérament, mais des propriétés internes (qui résultent d'un certain mélange imprescrutable des susdites qualités) comme aussi à cause de son extrême pureté et subtilité, d'où résulte qu'elle pénètre partout, vivifie et change en pureté d'une manière merveilleuse tout ce avec qui elle se mêles car étant subtile et pénétrante, elle subtilise toutes les humeurs crasses et corrompues, les réduisant en pureté ;

les rend odoriférantes, de putrides et puantes qu'elles étaient ; et confortant la chaleur naturelle, elle aide la nature à expulser au dehors tout ce qui est la cause de la maladie car de même qu'un œil qui ne voit pas à cause d'une tache ou pellicule qui le couvre, si l'on ôte ladite tache, il voit comme il doit ; de même la quintessence ôte tout ce qui empêche le bon état de la vie et de la santé ; c'est-à-dire les impuretés provenant des mauvaises digestions qu'elle aide à bien faire et les perfectionne en confortant et fortifiant l'archée et les principes de la vie. »

« Mais faut bien considérer une chose très importante, c'est qu'il ne faut pas croire que toutes les essences sont de la même nature ; c'est-à-dire que toutes celles qui sont chaudes produisent un même effet, et qu'elles guérissent toutes les maladies qu'on appelle froides : car il ne faut pas croire que la quintessence des anacardes qui est chaude, produise les mêmes effets, ou qu'elle ait les propriétés que la quintessence que nous avons dit être chaude ; car la différence est grande, laquelle différence provient de la propriété de la quintessence et du mélange déterminé des éléments dont elle est composée. »

Il faudrait considérer que de même que l'animal qui a un esprit de vie, n'est pas pour cela semblable à l'autre qui a aussi l'esprit de vie, et que quoique tous aient chair et sang, cependant il est visible qu'ils diffèrent en propriétés et en talents : de même la quintessences des choses est différente dans les propriétés et vertus ; parce qu'elle ne tire pas les propriétés des éléments visibles et grossiers qui l'enveloppent, mais du mélange déterminé des qualités élémentaires subtiles, que nous avons dit que mêlées en certaines proportions sont la quintessence, et qui font qu'elle agit diversement suivant se mélange ou tempérament inséparable des dites qualités qui produisent certains effets plutôt que certains autres ; et dont on ne peut rendre d'autre raison que l'expérience. C'est donc ce mélange qui fait que quelques essences sont styptiques, d'autres narcotiques ou attractives, amères, ou douces, ou aigres, celles-là stupéfactives, d'autres qui conservent en jeunesse, d'autres qui conservent seulement la santé, quelques-unes purgatives et apéritives, ou bien au contraire constipatives, etc. et d'un nombre innombrable de vertus diverses, que les Médecins doivent bien connaître, et quoique l'on puisse dire que celles qui résistent dans les essences styptiques, c'est à cause que dans les essences styptiques la sécheresse terrestre domine, comme l'humidité domine en celles qui sont apéritives ; cela n'est pas absolument vrai, puisque d'autres essences plus terrestres ou plus humides produisent des effets contraires. »

« Étant donc vrai que la quintessence se peut séparer comme l'âme le sépare de son propre corps, et que nous pouvons la prendre et l'admettre dans notre propre corps ; quelle maladie pourra résister à une nature, si noble, si

ABRÉGÉ DE LA DOCTRINE DE PARACELSE

pure et quasi céleste, qui anime et conforte l'esprit vital ? Et quelles infirmités ne pourra-t-elle pas guérir, et quelle maladie pourra nous ôter la vie, hormis la mort prédestinée à tous les vivants ? »

« Mais il faut considérer que chaque maladie a besoin de son essence particulière et propre à résister à ce mal ; quoique nous en enseignerons quelques-unes qui sont propres à guérir toutes sortes de maladies, dont nous dirons les raisons en son lieu. »

« J'ajouterai ici que la quintessence de l'or est en très petite quantité ; le reste n'est que son corps lépreux et impur, dans lequel il n'y a aucune douceur ni aigreur, et dans lequel il n'est resté aucune force ou propriété, hormis un mélange des quatre éléments impurs, grossiers, et terrestres ; et nous ne devons pas ignorer ce grand secret, que les éléments susdits qui forment le corps, étant dépouillés de la quintessence, ne sont bons à rien, et ne peuvent guérir aucune maladie, et ne peuvent faire autre chose que dessécher ou humecter comme ferait la terre ou l'eau commune que l'on boit. »

Mais afin que l'on entende mieux cette doctrine de Paracelse, il faut la prouver par une expérience commune, et que les Apothicaires font tous les jours, par exemple, pour composer le sirop purgatif des roses : pour cela ils mettent une quantité de feuilles de roses infuser dans l'eau commune ; après vingt-quatre heures, ils retirent lesdites roses, et en mettent de nouvelles, dans la même eau, ce qu'ils réitèrent cinq à six fois. Dans cette eau ils font dissoudre une quantité suffisante de sucre, et ils font bouillir le tout pour évaporer le superflu de l'eau ; et quand la liqueur parvient à consistance de sirop, la chose est faite. Une once de ce sirop purge les entrailles fort bien. Sur quoi il faut considérer deux choses : la première, que l'eau par l'infusion des roses s'est imbue de l'essence des dites roses, lesquelles n'ont plus de vertu purgative, ou si peu qu'on ne les estime bonnes qu'à jeter dans la rue ; la seconde, que cette once de sirop ne contient pas dix grains de l'essence et vertu des roses ; car l'eau et le sucre qui sont mêlés avec elles, font quasi tout le poids et le volume du sirop ; par où l'on peut voir que toute la vertu purgative consiste dans l'essence et que ces dix grains ou environ de l'essence font plus d'effet et avec plus de facilité, que plusieurs onces de roses n'auraient fait.

Une autre expérience. Prenez un sac de roses : si vous en savez extraire l'huile essentielle, elle est si odoriférante, qu'une ou deux gouttes mises dans un pot d'eau commune, font une très bonne eau rose ; car il faut savoir que l'eau rose n'est que l'humidité aqueuse de la rose, qui en distillant emporte un peu d'huile essentielle de la rose. L'huile essentielle de quelque plante se fait en plusieurs manières : la plus facile est la suivante. Prenez de la sauge ou de l'absinthe qui soient verts : car s'ils étaient secs, il faudrait y mettre de

ABRÉGÉ DE LA DOCTRINE DE PARACELSE

l'eau commune ; faites distiller l'eau d'absinthe ou de sauge, laissez cette eau dans un vase de verre à long col, vous verrez surnager après quelques jours une manière d'huile qui est l'essence de l'herbe, et qui a le goût, l'odeur, la couleur, et toutes les propriétés de l'herbe dont elle a été extraite, et dont quelques gouttes ont plus de force et de vertu qu'une poignée ou deux de l'herbe dont l'essence est extraite, et laquelle herbe n'a plus aucune propriété ni vertu, et n'est bonne qu'a jeter.

Quand une herbe ou un animal se putréfient, et qu'ils deviennent puants ; ce n'est pas la quintessence qui pue et se corrompt : car elle est incorruptible, mais bien le corps qui la contient : cela est évident car si vous faites putréfier les roses, la mélisse ou quelque autre herbe odoriférante, de manière qu'elle paraisse puante : si vous distillez cette pourriture, soit de mélisse, ou de romarin, ou autre herbe, semblable, vous en tirez une eau très bonne et odoriférante ; et si vous savez bien opérer, vous aurez l'huile essentielle dont j'ai parlé, d'une odeur surprenante : le même et plus facilement encore arrivera du romarin. C'est donc le corps qui se corrompt, comme dit Paracelse, et non pas la quintessence qui pue, car elle est incorruptible : ce qui paraît encore dans les excréments et le fumier des animaux qui retiennent encore une partie de la quintessence : c'est par sa vertu que les champs sont engraissés, et c'est elle qui contribue à les rendre plus fertiles. J'ai vu tirer des excréments des hommes, un esprit plus odoriférante que l'ambre, mais il faut en séparer tout le corps des choses corruptibles : la quintessence qui est leur âme est en quelque manière incorruptible, et ce n'est que le corps composé des éléments grossiers qui se corrompt, suivant ce que Paracelse nous montre après l'expérience.

Il est la même chose des pierres, et particulièrement de celles qu'on appelle précieuses : car la quintessence des émeraudes paraît en la forme d'un suc vert, et son corps reste en liqueur blanche ; ce qu'on doit entendre aussi de toutes les autres pierres précieuses, ainsi que nous l'enseignerons dans le lieu où l'on parle de ces extractions.

Entendez la même chose des plantes, des bois et résines. Quant à l'urine et au sang (continue Paracelse) on ne peut pas tirer d'eux une véritable quintessence par les raisons dites ci-dessus mais on peut tirer seulement d'eux quelque chose de semblable à la quintessence : ce qu'on doit entendre de la manière suivante. Un morceau de chair a en soi une manière de vie, parce que c'est de la chair, qui a encore quelque vertu parce qu'il a eu vie.

C'est pourquoi il y a encore quelque chose de vital, quoique ce n'est pas une véritable vie, qui n'eut préservative que pour le temps de la corruption, et jusqu'à ce qu'elle se putréfie : ce qui est la marque que le peu d'esprit de vie qui lui restait est évanoui. Car c'est l'esprit de vie qui préserve de la corruption, comme il paraît dans les animaux vivants qui ne se putréfient pas jusqu'à ce que cet esprit les abandonne.

Il faut donc considérer les herbes sèches, comme un morceau de chair : car les herbes sèches ont perdu leur verdeur avec la vie. On peut donc prendre les choses mortes pour faire une essence morte ; car quoique la chair et les herbes soient mortes, néanmoins elles ont une quintessence comme choses mortes, et elles ne laissent pas d'avoir de la vertu.

Mais les métaux et les pierres, ont en soi une vie perpétuelle et ne meurent pas ; du moins ils subsistent plus longtemps : c'est pourquoi ils ont une quintessence plus parfaire, et qu'on peut tirer de ces corps, quoiqu'avec plus de difficulté que des plantes.

Mais de quelque manière, qu'on tire la quintessence, on ne doit pas la tirer en la mêlant avec des choses qui ne sont pas convenables et semblables à sa nature ; et, s'il est possible comme il est possible aux herbes et animaux (auxquelles choses il ne faut rien ajouter) il faut extraire la quintessence seule et par soi-même ; et s'il est nécessaire d'ajouter quelque chose qui soit fort différent ou contraire, il faut le séparer ensuite afin qu'il reste la quintessence pure.

Il y a divers moyens pour tirer la quintessence des minéraux, c'est-à-dire par des sublimations, calcinations, par des eaux fortes, par des corrosifs, par liqueurs douces ou amères, etc. et par d'autres moyens (car les herbes simples n'ont pas besoin d'addition).

Mais de quelque manière dont on puisse se servir, il faut avoir soin que tout ce qu'on a ajoute pour extraire la quintessence, comme on l'a dit, soit ensuite séparé ; car il n'est pas possible de tirer l'essence des minéraux et des pierres, et particulièrement des métaux, et moins encore de l'or, sans quelque corrosif propre et convenable, qu'il faut ensuite séparer ; c'est pourquoi il faut qu'il soit séparable et de nature différente : le sel qui a été eau et qui vient de l'eau, se sépare de l'eau ; mais il faut néanmoins considérer que tout corrosif n'est pas propre, parce qu'on ne peut pas les séparer tous facilement.

Car si vous faites dissoudre le vitriol ou l'alun (qui sont espèce de sels) dans l'eau, si vous distillez cette eau pour retirer lesdits sels, il est très difficile, pour ne pas dire impossible, que la susdite eau ne retienne quelque amertume, et qu'elle n'ait quelque saveur des sels qui ont été dissous en elle ; ce qui arrive parce que ces sels viennent de l'eau, et que les natures se joignent facilement ensemble. Il faut donc éviter le trop de convenance dans ces occasions, et ne pas mêler les choses aqueuses avec les aqueuses, ni les oléagineuses avec les oléagineuses, ni les résineuses avec les résineuses : mais plutôt mêler les choses contraires, et qui puissent se séparer facilement de la quintessence.

Il faut donc après les dissolutions des métaux, séparer les corrosifs, ce qui est facile, car par la règle que nous avons donnée, vous séparerez facilement l'huile et l'eau ; car ces deux choses ne se joignent pas : ainsi vous aurez l'essence détachée de tout ce qui peut l'altérer, car il faut qu'elle soit claire, sans tache et sans aucun mélange de chose étrangère, qui puisse la pénétrer, ou s'unir avec elle.

Et remarquez que sa subtilité (de la quintessence) est très grande, qu'on ne peut pas connaître à fond son origine, ni le mélange de ses principes ; car c'est la nature qui les a fait, et c'est ce qui fait que ses vertus ont divers degrés : et qu'elle a diverses propriétés, car les unes sont plus ou moins efficaces, et plus propres à certaines maladies, comme par exemple certains opiats sont meilleurs contre la fièvre ; d'autres essences sont propres contre l'hiposarque, comme est l'essence du tartre ; d'autres contre l'apoplexie, comme l'essence de l'or ; d'autres contre l'épilepsie, comme l'essence de vitriol il y a donc un nombre infini de propriétés que l'expérience fait connaître : c'est pourquoi il faut avoir grande attention d'employer à chaque maladie l'essence qui est la plus convenable à la guérir : et de cette manière on donnera un véritable secours à la nature, comme nous l'expliquerons après.

Nous ne pouvons pas assigner des degrés de force ou de qualités à la quintessence, comme font les Médecins à leurs médecines, ou à leurs plantes, parce que la quintessence n'a aucun rapport à ces degrés ; elles peuvent bien être exaltées en degrés plus éminents par la purification dont on parlera : mais leur complexion et leurs propriétés ne changent pas essentiellement ; car on ne peut établir que la quintessence de l'antos soit plus chaude que la quintessence de la lavande ; que l'essence de l'argent soit plus, sèche ou plus humide que l'essence de cuivre ; mais les degrés doivent se considérer suivant les degrés et l'étendue de leur vertu et de cette manière la quintessence de l'antimoine qui guérit la lèpre et la quintessence du corail qui guérit, la pâmoison et douleurs et contorsion de nerf.

Par cette considération, l'on conclura que la quintessence de l'antimoine surpasse celle des coraux en degrés d'excellence, d'autant que la lèpre est une maladie plus dangereuse et plus obstinée que l'autre, et plus que la colique, et semblables symptômes. Il faut donc considérer les degrés d'excellence par la force de sa vertu contre les maladies les plus fortes.

Il faut considérer aussi, que quoique plusieurs essences puissent guérir la même maladie, néanmoins celle qui la guérit plus facilement et en moins de tems et plus radicalement, mérite d'être regardée comme ayant des degrés supérieurs en excellence. Car, par exemple, l'essence de genièvre et celle de l'ambre guérissent la lèpre, mais avec une très grande différence, de la manière dont l'essence de l'antimoine ou de l'or guérissent la même maladie ; car la quintessence de genièvre guérit en purifiant le sang suffisamment pour faire que la maladie ne paraisse pas, consommant une partie du poison et de la malignité qui s'était introduite dans le sang ; c'est pourquoi ces essences ont un premier degré de perfection. La quintessence de l'ambre produit le même effet, mais avec plus d'efficace ; car elle nettoie les poumons, et en partie les autres viscères ; c'est pourquoi on peut dire qu'elle est supérieure de quelque degré à l'autre. Mais la quintessence de l'antimoine nettoie tout le corps profondément jusqu'à la peau, purifiant au souverain degré toutes les parties d'une manière merveilleuse ; il mérite donc le troisième degré d'excellence d'estime. Mais la quintessence de l'or fait elle seule toutes les actions précédentes, guérissant et purifiant radicalement toutes les parties du corps, et les purgeant de toute impureté, de même que la cire est purgée du miel qui la rendait jaune, lequel étant entièrement ôté, elle devient blanche, pure et quasi transparente.

Il y a encore une autre différence qui fait l'excellence et l'élévation des degrés c'est le nombre des vertus que l'essence peut avoir ; par exemple quelques essences sont propres à guérir les maux du foie, les autres, ceux de la rate, d'autres ceux de la tête, d'autres n'agissent que sur le sang quelques-unes sur le flegme, d'autres sur la mélancolie ou la bile jaune, et sur quelques-unes n'agissent que sur les humeurs en les évacuant quelques essences agissent sur les esprits vitaux, d'autres sur la chair, ou sur les os, ou sur la moelle sur les cartilages, quelques-unes sur les artères, et d'autres qui ne sont propres que contre certaines maladies particulières et non contre les autres c'est-à-dire que celles qui guérissent la fièvre, ne guérissent pas l'épilepsie ; ni celles-ci l'apoplexie ; celles qui sont soporifiques, ne sont point attractives, et celles-ci ne sont pas consolidatives ou soporifiques, comme celles qui ont ces propriétés.

Il y en a d'autres qui renouvellent, restaurent, c'est-à-dire qui transmuent le sang et la chair quelques-unes conservent seulement et font jouir d'une vie longue ; et si l'on est jeune, conservent en jeunesse. Quelques autres agissent corporellement, et quelques-unes par une manière d'influence astrale ; et en un mot leurs vertus sont si différentes, qu'il est comme impossible de les écrire toutes, y ayant des essences de telles vertus qui feront paraître un homme de cent ans, comme s'il n'en avait que vingt.

Qui donc pourrait découvrir l'origine de mystères si grands, ou connaître l'origine de la matière qui forme l'essence de chaque chose ? Il n'appartient qu'au Créateur de connaître à fond ce qu'il a fait. Car qui nous dira pourquoi et comment la quintessence de l'antimoine fait tomber les cheveux et le poil, et en fait venir d'autre nouveau comme en jeunesse, et pourquoi l'essence de la mélisse renouvelle les dents en faisant tomber les vieilles ? Que l'essence du Rebis renouvelle la peau, les ongles des pieds et des mains, faisant tomber les vieilles, et que l'essence de chélidoine, change tout le corps, et le met en meilleur état, non autrement que la couleur d'une vieille peinture redevient vive et belle, quand on l'a nettoyée de la crasse et de la fumée qui l'accablait.

J'omets plusieurs autres propriétés particulières des essences desquelles je parle ailleurs. Comment donc pourrions-nous empêcher de suivre cette noble Philosophie, et des médecines si utiles et si excellentes ? Comment ne serions-nous pas satisfaits de voir que la quintessence de la carline ôte la force à l'un, et la communique à celui qui en use ? de voir que la quintessence de l'or guérit lèpre, nettoyant le corps au-dedans et au dehors, comme les boyaux sales des bêtes sont nettoyés au courant de la rivière, régénérant une nouvelle superficie ? comme le ciseau nettoierait la superficie d'une pierre mal polies ; renouvelant essentiellement le tempérament, comme si l'on venait de naître avec la santé la plus parfaite.

Tournant donc notre esprit à cet Art si noble, nous commencerons par enseigner la manière de tirer les essences des métaux, ensuite des marcassites, des sels, des pierres précieuses, et autres ; comme aussi de la tirer de choses combustibles, des plantes, des aromates ; des choses comestibles ou potables toutes lesquelles espèces ont besoin de leur méthode particulière et différente, suivant la nature des choses, et lesquelles nous indiqueront comme il convient.

Mais il faut noter que dans ces extractions il faut être non seulement bon Artiste, mais bon Philosophe, pour savoir ce que l'on veut faire, en appliquant les moyens nécessaires pour parvenir à la fin que l'on se propose : car la pratique ne succédera jamais bien, à moins que la théorie ne soit auparavant bien dans la tête, et que comme Philosophe, vous ne connaissiez la nature et les propriétés du mixte sur lequel vous voulez agir.

Nous parlerons aussi de l'or potable, des magistères, des arcanes, et des autres choses non moins curieuses qu'importantes : sur quoi je ne veux point omettre d'avertir qu'il n'y a aucune différence entre ces choses, sinon que ce font toutes de véritables essences, lesquelles on ne peut plus remettre en corps ; mais quant à l'or potable, on ne peut bien lui rendre un corps métallique ; c'est pourquoi j'estime qu'il y a une plus grande vertu dans les essences métalliques que dans les autres choses.

Pendant que nous parlons ainsi des quintessences, et de la manière de

ABRÉGÉ DE LA DOCTRINE DE PARACELSE

connaître les degrés de leurs vertus, il nous faut dire quelque chose de ce que nous appelons *arcanes et magistères*, lesquels, quoi que quelquefois ils ne paraissent pas en forme de quintessence, cependant leur vertu non seulement n'est pas moindre, mais elle est supérieure ; et c'est pour cela que nous leur donnons le nom *d'arcane* et de *magistère* ou mystères de l'art : Mais comme nous avons parlé suffisamment de ces choses dans les Livres des Paramires, nous les omettons ici, déclarant seulement que l'on peut de ces quintessences composer une infinité d'arcanes et magistères suivant l'habileté et l'esprit du Philosophe ; quant a moi, je ne parlerai ici que de quatre de ces arcanes.

Le premier est le mercure de vie, le second est celui de la première matière, le troisième de la Pierre Philosophale, le quatrième est celui de la teinture ; et quoique ces arcanes soient plutôt choses angéliques et divines, qu'humaines, je ne laisserai pas d'en parler et de faire le chemin aux curieux habiles, pour faciliter la manière de chercher à découvrir les mystères de la nature. Nous déclarons aussi que le mercure de vie n'est pas proprement une quintessence, mais un arcane ; d'autant qu'il contient un grand nombre de vertus qui préservent, restaurent et régénèrent, comme on le verra dans le Livre des Arcanes.

Quant à la première matière, nous disons qu'elle opère non seulement dans les corps vivants, mais aussi sur les morts, et pour ainsi dire au-dessus de la nature.

Nous disons à peu près la même chose de la Pierre philosophale, qui teint le corps et le soulage de toutes sortes d'infirmités et qui agit aussi sur les métaux, les élevant à la perfection et pureté de l'or. La teinture fait la même chose, et même plus efficacement car de la même manière quelle teint l'argent en or et le transmue en métal parfait, de même cette teinture transmue la matière qui fait la maladie en santé, la cuisant et digérant au plus haut degré de perfection : les magistères et les élixirs, et l'or potable sont à peu près les mêmes choses ; nous parlerons de tous dans les Livres suivants.

Remarque

Quand Paracelse n'aurait fait que ce Livre de la Quintessence, on, pourrait juger que son esprit était quasi divin ; et l'on voit bien que ce qu'il a écrit n'est pas d'un ignorant et d'un homme qui écrit au hasard et suivant les vapeurs du vin, comme ses envieux l'ont voulu dire.

Mais avant que de passer à la pratique de l'extraction des quintessences

ABRÉGÉ DE LA DOCTRINE DE PARACELSE

qui se fait par la séparation des éléments, je crois à propos de faire remarquer deux ou trois choses, dans lesquelles il semble que Paracelse s'exprime mal.

La première est de dire que l'on ne peut pas tirer la quintessence des animaux parce que l'esprit de vie est perdu : mais il ne veut dire autre chose, comme il l'explique lui même, sinon que l'esprit qui fait vivre les animaux, ne peut pas se tirer avec leur essence, car si on pouvait l'avoir l'homme serait immortel. On peut néanmoins, dit-il, tirer de la chair des animaux et de leur sang, et même de l'urine, l'essence de ces choses pour des Médecines et non, pas pour remettre l'esprit vital perdu, mais seulement pour fortifier un peu celui qui reste.

La seconde chose regarde la Doctrine, où il dit que dans les extractions des essences de certains corps, comme par exemple les corps métalliques, étant nécessaire d'ajouter quelques choses pour les dissoudre après que l'extraction est faite, il faut séparer de leur quintessence tout ce que l'on y a ajouté, afin d'avoir la quintessence pure de la chose : en cela il n'y a pas de doute. Quant à ce qu'il dit qu'il ne faut pas ajouter une chose oléagineuse à une, autre oléagineuse, ni vine aqueuse a une aqueuse, si l'on veut pouvoir les séparer, cela est encore vrai.

Mais lorsqu'il dit que pour nettoyer les métaux, des sels de l'eau-forte avec laquelle on les a dissous, il faut les laver avec l'eau chaude, on peut dire qu'il a entendu quelque autre eau que l'eau commune : car on a beau laver les métaux ou minéraux qui' ont été dissous ou précipités par des corrosifs, on ne peut jamais les tant laver, que la graisse saline qui a pénétré dans le profond du corps métallique et s'est jointe avec l'onctuosité radicale du métal, s'en sépare par les ablutions de l'eau commune.

Par exemple après que l'or est dissout dans l'eau régale, si vous le précipitez avec le sel de tartre, il en résulte l'or fulminant, qui est fulminant quand même vous le laveriez avec toute l'eau chaude de la Seine. De même si vous précipitez la lune dissoute dans l'eau-forte avec le sel dissout dans l'eau commune, il en résulte la lune cornée qui s'en va du feu si vous la voulez fondre, ou qui se vitrifie comme une corne, quand même vous l'auriez lavée cent fois avec l'eau chaude : il faut donc entendre ces recettes, qui sont bonnes en elles-mêmes avec un grain de sel.

Au reste ne faut pas croire que dans la pratique suivante Paracelse enseigne mot à mot la manière de la séparation des éléments purs des impurs, et l'extraction des essences ; il a promis de n'en rien faire et il tiendra parole : on peut seulement en tirer quelques lumières, qui étant aidées de l'expérience présente ou passée, peuvent être profitable.

ABRÉGÉ DE LA DOCTRINE DE PARACELSE

De la séparation de la quintessence de ce que les Chimistes appellent les éléments impurs

Pour parvenir à la recette de cette séparation des éléments, il faut avoir bien dans la tête une bonne théorie. Paracelse nous a enseigné assez clairement quelle est la nature et les vertus de la quintessence ; il nous a montré que la quintessence est un élément, ou pour mieux dire une substance composée par la nature d'un certain assemblage déterminé des éléments les plus subtils, qui forment un cinquième, être différent des éléments grossiers, que nous connaissons sous le nom de terre, d'eau, de feu, et d'air : il nous a fait connaître que cette cinquième substance est néanmoins mêlée et répandue dans toute la substance des corps composés, comme l'âme dans le corps des animaux.

En effet cette substance est la véritable âme du mixte, et il nous a montré que c'est en elle que résident toutes les vertus et propriétés du même mixte. Que c'est cette substance essentielle qui donne la couleur, l'odeur, la saveur et toutes les vertus au corps où elle habite ; que le corps où elle est n'est qu'un flegme et une terre insipide de nulle valeur, et qui ne sert que pour contenir et conserver cette âme, qui est la seule qui a quelque action et quelque vertus ; car le corps ne fait que diminuer l'efficace de la quintessence par le mélange des éléments qui composent les corps ; et si on sait séparer cette substance pure d'avec les éléments grossiers et impurs qui la contiennent, et avec lesquels elle est comme pétrie, l'on aura ramassé en peu de volume, toute l'efficace qui était répandue dans toutes les parties de ce corps, de manière qu'elle opérera plus efficacement pour la guérison des maladies, que ne font les infusions des herbes et des aromates que les Apothicaires font ; lesquels infusions ne tendent qu'à une même fin (quoiqu'imparfaitement) c'est-à-dire à tirer des herbes, des aromates et des autres corps, quelques parties plus efficaces, qui étant séparées du marc (qui est le corps impur) opèrent avec plus de force, que ne ferait tout le corps du mixte, que le malade serait obligé de digérer pour en extraire l'essence dans laquelle (comme on l'a dit) la vertu spéciale réside.

Les Médecines que Paracelse nous propose étant l'essence pure, il n'y a pas de doute qu'elles ne soient d'une plus grande efficace, et cela par deux raisons : la première parce qu'elles sont plus subtiles, plus pénétrantes, et par conséquent elles se répandent plus facilement dans toutes les parties du corps ; elles peuvent guérir en moins de temps, d'autant que cette substance étant d'elle-même céleste, et qui difficilement peut se corrompre, il en arrive que les ferments malins de la maladie ne peuvent pas facilement agir sur la quintessence et la corrompre ; au contraire elle agit facilement sur les ferments qui causent le mal, et les réduit à sa nature pure, en confortant la chaleur naturelle, et l'aidant à agir conjointement avec elle, pour détruire les ferments malins qui sont la cause du mal, et qui corrompent avec la nourriture tous les remèdes qu'on prend.

La seconde raison se tire des choses mêmes que nous venons de dire ; c'est que les remèdes communs étant accompagnés de plusieurs impuretés qui accompagnent les extractions communes, cela et la cause que les ferments de la maladie agissant sur ces corps corruptibles, les corrompent facilement et rendent inefficace la force du peu de quintessence qui les accompagne.

Car il faut remarquer que presque toutes les maladies viennent de quelque corruption ou autre cause semblable, qui a produit dans les viscères ou dans le sang une autre essence venimeuse qui fait le dérangement de la santé de manière que quand les ferments intérieurs sont altérés à un certain point, ils altèrent ou ils corrompent tout ce qu'on a dans l'estomac, et le convertissent en poison, au contraire quand les remèdes sont purs et forts ils convertissent toutes forces de nourriture en force, et en santé.

Il y a une autre raison encore plus forte pour faire une plus grande estime des remèdes de Paracelse ; c'est qu'il tire un grand nombre des essences des corps métalliques et autres minéraux. Or il faut comprendre que les d'essences métalliques ne peuvent pas être si facilement corrompues par les ferments malins qui sont en nous et qui causent la maladie ; cela est évident, puisque les corps métalliques demeurent à l'air, à l'eau, et même au feu le plus violent, sans se corrompre ; c'est pourquoi leurs essences altèrent, sans être altérées, particulièrement l'or et l'argent, qui sont incorruptibles.

J'omets de parler que ces Médecines métalliques, et particulièrement celles des métaux parfaits peuvent guérir aussi la lèpre, et les autres infirmités des métaux imparfaits, et les exalter à la perfection de l'or et de l'argents ce qui après la santé, doit être estimé, le plus grand trésor qu'on puisse désirer, et le plus grand secret où l'esprit humain ait pu atteindre ; ce qu'il faut croire être venu aux Philosophes qui l'ont inventé plutôt par une inspiration divine et pour soulager les hommes de tant de malheurs dont ils sont accablés dans ce monde, que par leur propre science n'étant pas possible que d'eux-mêmes et sans une inspiration céleste, ils aient pu comprendre que dans les métaux si durs, et particulièrement dans l'or, il y eût tant de trésors, et moins encore dans l'antimoine lui paraît une matière impure sale et vile.

Paracelse après nous avoir donné la théorie de la quintessence, et nous avoir montré qu'il faut séparer cet élément prédestiné (qui est proprement ce que nous avons vu que les Philosophes appellent mercure) et les Médecins humide radicale) qu'il faut séparer, dis-je, cet élément pur, des autres

ABRÉGÉ DE LA DOCTRINE DE PARACELSE

éléments impurs, il nous enseigne aussi la pratique, mais nous ayant averti au commencement qu'il l'enseignera de manière que peu de gens pourront y comprendre quelque chose; il ne faut pas croire (et l'expérience le montre) que par la pratique qu'il donne l'on puisse en tirer tout ce qu'on désire en la suivant mot à mot; ce qu'on peut prétendre c'est d'en tirer des lumières pour se conduire comme à tâtons, et parce qu'il dit, et par votre bon esprit, en travaillant et expérimentant; vous pourrez parvenir à ce que vous désirez en supposant que la lumière céleste vous éclaire et vous fasse trouver le bon chemin, par une manière d'inspiration ou d'enthousiasme que l'on n'a pas quand on veut.

Paracelse a commencé dans son troisième Livre à enseigner la pratique de la séparation des éléments, dans le quatrième il dit la manière de tirer la quintessence; mais parce que la quintessence se peut avoir sans la séparation des éléments, laquelle séparation est enseignée dans ces livres d'une manière plutôt pour tromper qu'autrement, je crois donc que ces Livres doivent aller ensemble et servir de lumière l'un à l'autre.

C'est pourquoi je joindrai ces deux choses ensemble, afin que le Lecteur s'épargne la peine de faire lui-même cette confrontation, et afin que la lumière y soit plus grande, j'y joindrai encore ce qu'il dit dans le dixième Livre qu'il a donné à ses amis comme la clef des autres: cette clef qui aurait besoin d'une autre clef, parut en Allemand peu après sa mort, mais les envieux firent en sorte qu'en peu de temps cette impression disparut et à peine en trouvait-on avec de grande difficultés; mais enfin en 1660 les Imprimeurs de Tournes ayant fait imprimer à Genève tous les Ouvrages de ce grand homme, eurent le soin de recouvrer un exemplaire de cette clef, laquelle telle qu'elle est, n'a point de prix.

J'ai eu soin au surplus de corriger, sur l'Allemand quelques fautes importantes qui s'étaient glissées dans l'impression et qui sont des véritables fautes et visibles; puisque sans cette correction l'on n'y trouve pas de sens, et moins encore celui de Paracelse.

Vous verrez si avec les secours que je vous donne, et aidé de vos propres lumières vous en pourrez tirer l'utilité que je vous désire.

Et parce qu'il est inutile de parler de l'extraction des essences de tant de choses, je la restreindrai aux herbes, aux sels et aux substances métalliques; et d'autant que Paracelse commence par la plus difficile, c'est-à-dire par les métaux; je commencerai par le plus facile, qui sont les herbes.

Je déclare au surplus que je ne suivrai d'autre méthode que celle qui me paraîtra plus propre à éclaircir la doctrine de l'Auteur, qui a répandu exprès en divers endroits son intention tantôt dans le Livre de la séparation des éléments, tantôt dans celui de l'extraction de la quintessence tantôt dans celui qu'il appelle la clef des autres ; et parce que le commencement de ladite clef établit plus clairement son intention je commencerai par elle.

Dans le Livre X

Dans toutes les choses, dit Paracelse, les quatre éléments se trouvent mêlés ; mais dans toutes choses il y a un de ces éléments qui est parfait et fixe, c'est celui que nous appelons, prédestiné, et dans lequel est la quintessence, la vertu, la qualité et propriété de ce corps : les autres ne sont que des éléments imparfaits et des simples éléments corporels (le flegme et la terre morte) dans lesquels il n'y a aucune vertu que celle qui est dans un simple élément commun (la terre et l'eau commune) et qui ne sont que comme le corps et comme la maison dans laquelle habite la quintessence, qui est le véritable élément parfait, incorruptible et fixe que nous cherchons et qui est dans l'or et l'argent ; l'on appelle cet élément la chose qualifiée, parce que c'est en elle qu'existent les véritables qualités et vertus du sujet.

Il y a des gens qui croient que tout le corps du mixte est ce véritable élément, parce que dans toutes les parties du composé l'on trouve des marques de vertu de la quintessence ; mais la cause de cette apparence est que la quintessence est répandue dans toutes les parties des éléments imparfaits qui forment le corps dans lequel la quintessence demeure ; et que ces éléments imparfaits sont, pour ainsi dire, pétris et impâtés avec l'élément prédestiné, comme serait une pâte pétrie avec de l'eau salée ou avec du lucre, laquelle pâte dans toutes ses parties fait sentir au palais sa douceur ou sa salure : elle y est répandue aussi comme une teinture qui teint un drap de sa propre couleur, quoiqu'il soit constant que tout le drap n'a pas de cette couleur, et qu'il n'y a qu'une très petite quantité de couleur très subtile qui étant répandue partout, fait paraître le drap coloré partout.

Considérez donc qu'en quelques corps le feu prédomine, en d'autres l'air ou l'eau, ou bien la terre : or si vous voulez en séparer l'élément fixe et prédestiné, il faut auparavant que vous brisiez la maison où la quintessence demeure ; cette brisure et fracture de la maison se fait en diverses manières, suivant la nature des corps, comme je l'ai montré dans le Livre de la métamorphose et de la mort des choses : prenant garde que si vous brisez la maison avec des eaux fortes comme (il le faut nécessairement pour les métaux et minéraux métalliques) il faut observer de séparer les arides ou autres choses de nature différentes, de les séparer dis-je, de l'élément prédestiné et fixe, ce qu'on doit

ABRÉGÉ DE LA DOCTRINE DE PARACELSE

faire par les distillations et ablutions communes : et par ce moyen le corps des éléments imparfaits monte en manière de flegme ; et l'élément fixe qui est la quintessence reste dans le fond, (en forme d'huile mercurielle).

Mais comme nous nous soucions peu de la maison, (des éléments imparfaits) nous devons nous attacher à obtenir la quintessence qui habite là-dedans, et la séparer par des moyens convenables au sujet, et par des moyens plus efficaces que les calcinations ou sublimations, afin que le pur se sépare de l'impur. L'impur est l'élément tartareux terrestre qui est en toutes choses, et duquel j'ai parlé dans le Livre des maladies tartareuses ; le pur est la quintessence (ce qui est aussi le mercure des Philosophes).

Or comme j'ai donné la théorie de ces choses dans mes autres Livres, particulièrement dans les Paramires et dans celui de la mort des choses, je ne dirai autre chose ici, sinon qu'il faut préparer le métal et le réduire en substance liquide avec des eaux fortes convenables, et suivant la méthode de la séparation des éléments, par plusieurs distillations et cohobations : il faut séparer les trois éléments imparfaits, c'est-à-dire la terre, le flegme, et l'air qui sont toujours mêlez avec eux ; alors vous trouverez dans le fond l'élément fixe, et de cette manière vous aurez séparé parfaitement les quatre éléments ; car celui qui reste au fond avec la terre, les Philosophes l'appellent *feu* ; parce que la vertu du feu et son action est dans cette substance qu'on appelle quintessence, puisqu'elle transmue tout en sa nature, comme le feu fait les matières combustibles.

Notez que Paracelse commence sa doctrine par la vertu des quintessences métalliques qui sont les principales vertus, et dont il fait plus de cas, parce que les essences des métaux sont plus fixes et plus efficaces ; et pour cela il parle de leur élément fixe, et des eaux-fortes qu'il faut employer au commencement pour les dissoudre, et des sublimations et calcinations, lesquelles ne sont pas nécessaires, dans la dissolution des herbes qui le putréfient et se dissolvent avec leur propre humidité.

Les sels n'ont pas besoin non plus d'une liqueur étrangère pour les dissoudre et putréfier ; car ils ont leur propre humidité qu'on peut tirer par la distillation ou autrement, et les putréfier en icelle.

L'on peut considérer en passant que la manière de Paracelse est au fond la même que celle de tous les Philosophes anciens, qui enseignent que l'on ne peut faire aucune séparation des éléments, (c'est-à-dire des principes) sans la décomposition des particules ; et c'est ce qu'on appelle putréfaction et corruption ; aussi ce que Paracelse appelle briser la maison.

Mais il nous avertit que si l'on ajoute quelque liqueur étrangère aux corps

ABRÉGÉ DE LA DOCTRINE DE PARACELSE

qu'on veut corrompre quand cette liqueur n'est pas de la propre nature du mixte qu'on veut corrompre, il ordonne de l'ôter et de la séparer absolument, afin qu'il ne reste rien qui soit de nature différente de la quintessence que l'on veut extraire; et cela afin que l'on ait l'essence séminale, comme il le dit, pure et sans tache.

Paracelse commence la doctrine de la séparation des éléments purs par la corruption des métaux et des substances métalliques, qui étant de nature très sèche, ont besoin de quelque humidité pour les putréfier; et comme ils sont d'une composition très forte l'ouvrage de leur décomposition est plus difficile : c'est pourquoi j'ai cru plus à propos de changer l'ordre qu'il suit, et de commencer par les choses les plus faciles, c'est-à-dire par les végétaux, qui n'étant pas si durs que les métaux, leur putréfaction avec leur propre suc est plus facile.

Prenez donc de la sauge (ou autre herbe) pillez-la et faites-la putréfier (au fumier) distillez après; en premier lieu montera l'élément du feu (c'est-à-dire un esprit igné) continuez cal jusqu'à ce que les couleurs changent, et que l'eau devienne plus épaisse; enfin viendra la terre, dit-il, dont une partie restera dans le fond; mettez ensuite cette eau au soleil pendant six jours, et laissez qu'elle distille, (qu'elle circule) distillez ensuite au bain, et l'eau montera la première, qui est en petite quantité et insipide; ensuite les couleurs variant, le feu montera, la terre montera ensuite en très petite quantité (quelque peu de sel volatil) mais la plupart reste dans le fond (mêlez avec l'huile essentielle) cette méthode est commune à toutes les herbes aériennes et aquatiques, dont l'air monte le premier, et ensuite le feu.

Ce procédé est fort obscur, et tel qu'il nous l'a promis au commencement : voyez s'il n'est pas rendu un peu plus clair parce qu'il enseigne au Livre de la Quintessence; car nous avons vu que cette séparation des éléments ne tend qu'à séparer les éléments impurs de l'élément pur qui est la quintessence.

Au Livre quatrième qui traite de la séparation de la quintessence des végétaux

L'on peut faire, dit Paracelse l'extraction de l'essence des végétaux en plusieurs manières; mais de quelque manière qu'on fasse il ne faut rien mêler avec eux, afin qu'ils conservent leurs couleurs, odeurs, saveurs et propriétés : car l'intention de l'artiste est que toutes ces choses soient plus fortes et non diminuées.

On peut le faire aussi avec des additions, mais avec des choses convenables. Cette augmentation d'odeur et de saveur se fait particulièrement dans l'extraction de l'essence d'ambre, du musc et de la civette, dont les éléments impurs sont puants, lorsque l'essence en est séparée ; et alors l'odeur de l'essence est bien plus forte et puissante, et le corps impur n'a ni odeur ni aucune vertu.

Il faut entendre la même règle de toutes les autres choses mais ici nous ne parlons que des végétaux, dont il y en a plusieurs odoriférants.

Prenez le végétal que vous voudrez, mettez-le en quelque vaisseau propre, et faites-le putréfier au fumier (de la manière qu'on, l'a dit ci-dessus)et l'ayant auparavant bien pillé, laissez-le putréfier un mois, distillez ensuite au bain, ayant auparavant exprimé le suc, remettez encore pendant huit jours putréfier tout ensemble), et distillez encore, la quintessence montera par l'alambic, et corps restera au fond, s'il reste quelque chose de l'essence au fond, (comme en effet la plus grande partie y reste) faites putréfier encore d'avantage, et distillez encore. Comme auparavant ; remettez ce qui est distillé sur le végétal et faites digérer au pélican six jours, et il se fera une liqueur épaisse que vous distillerez au bain. Le corps (aqueux) se séparera, et la quintessence restera au fond séparez-la des sucs impurs, et procédez en laissant digérer la susdite quintessence, afin que quelques fèces subtiles se précipitent.

De cette manière vous avez l'essence dans la couleur, odeur, goût et vertu parfaite, en une substance épaisse et grasse (qui est le mercure essentiel du végétal)

L'on n'a guère plus de lumière de ce discours, voyons la clef.

Livre dixième

L'on tire facilement la quintessence des fruits, des herbes et racines, en séparant les éléments en la putréfaction secrète de la chaleur, et après putréfiant au fumier *per descensum* (par expression) chassez ce qui peut sortir : ensuite séparez l'humidité nuisible qui est le corps impur, par le bain ; dans le fond restera l'élément prédestiné ; séparez l'impur terrestre avec son propre esprit de vin, et vous aurez l'essence pure.

Il semble qu'en substance il faut piler les herbes, les putréfier et ensuite en tirer le suc à la presse, faire putréfier encore, distiller au bain l'humidité, en séparer les éléments impurs : le reste il faut le laisser à l'industrie de l'artiste. Il y a la manière commune de tirer l'huile essentielle des végétaux qui est facile, et laquelle quoiqu'on n'a pas toute la quintessence cependant en approche fort.

ABRÉGÉ DE LA DOCTRINE DE PARACELSE

Des sels et de leurs essences

Paracelse ne parle point des sels dans le troisième Livre, où il parle de la séparation des éléments; mais dans le quatrième Livre de la quintessence, il en parle de la manière suivante, qu'il donne pour la susdite extraction.

Prenez le sel que vous voudrez, calcinez-le bien, et s'il est volatil, brûlez-le au feu (sublimez-le) dissolvez-le en liqueur (*par deliqum*) et après (filtrez ladite liqueur) mettez ensuite putréfier durant un mois, distillez au bain, et une eau douce montera que vous jetterez: ce qui ne voudra pas monter, mettez-le encore putréfier pendant un autre mois, distillez comme auparavant, tant de fois et jusqu'à ce qu'il ne vienne plus rien de doux.

Par cette voie vous avez déjà la quintessence du sel au fond; et d'une livre de sel ainsi calciné, à peine en aurez-vous deux onces, et si c'est du sel commun, une demi once de ce sel assaisonne plus de viande que demi livre de sel commun; car c'est la quintessence de ce sel, duquel vous en avez séparé le corps impur et sans vertu.

De la même manière vous séparerez l'essence de tous les autres sels; mais de l'alun et du vitriol on tire l'essence d'une autre manière, et la voilà: et notez auparavant que ces sels ne se laissent pas calciner avec fusion, comme le sel commun; c'est pourquoi après les avoir calcinez, il faut les brûler, les faire résoudre à la cave, et avec l'eau qui est venue en agir comme il est dit dans le procédé du sel commun.

Dans le dixième Livre qui est la clef

Paracelse explique mieux, quoique très succinctement, la manière. La quintessence des sels, dit-il, se fait ainsi: cohobez plusieurs fois les sels avec leur propre liqueur putréfiez avec le flegme, et ensuite séparez le corps en manière de flegme, jusqu'à ce que l'esprit fixe demeure au fond; dissolvez cet esprit fixe dans sa propre liqueur, et dans l'effervescence séparez le pur de l'impur avec de l'esprit de vin.

Cette pratique est aussi succincte qu'obscure, et cependant il enseigne mot à mot toute la pratique.

De la séparation des éléments des métaux, de leur quintessence

Quant à la séparation des éléments des métaux, dit Paracelse, il est nécessaire d'avoir de bons instruments, beaucoup de travail, de patience, et de

ABRÉGÉ DE LA DOCTRINE DE PARACELSE

diligence, et des moyens propre à cet Art, (c'est-à-dire une bonne conduite et un bon esprit).

Premièrement faites l'eau-forte avec salpêtre, vitriol et alun, égales parties; remettez l'eau qui en vient sur ces fèces, et distillez encore: dans cette eau-forte clarifiez l'argent, et après dissolvez en elle du sel armoniac: cela fait, faites dissoudre dans cette eau le métal que vous voudrez en grenaille ou en lamines, séparez l'eau au bain et remettez là-dessus, et réitérez tant de fois jusqu'à ce que vous trouviez dans le fond une huile: celle du soleil sera comme une huile éclatante; celle de l'argent sera de couleur bleue; du fer rouge obscur; du cuivre tout-à fait-vert; du mercure, blanc,; du plomb, livide et de l'étain, jaunâtre.

L'on voit bien que Paracelse se joue du Lecteur ignorant, puisque les personnes médiocrement expérimentez savent que cette eau-forte commune avec le sel armoniac commun, ne peut dissoudre que l'or seul, et non toutes fortes de métaux, comme il le suppose: il se moque aussi lorsqu'il dit que ces métaux restent au fond en forme d'huiles colorées des couleurs qu'il dit; il faut donc croire, comme en effet il est vrai, que le sel armoniac dont il se sert dans cette occasion pour réduire les métaux en huile colorée, est tout autre que le commun.

Raymond Lulle éclaircit l'énigme montrant que le sel armoniac dont il parle lui-même comme Paracelse, es un sel armoniac mercuriel, et qui est appelé armoniac, par la concordance et harmonie que la quintessence du vif-argent a avec l'essence de tous les métaux. *Armoniacam mixtionem omnium elementorum quæ est in essentia argentavivi, salem armoniacum appellamus, propterejus exaltatam et sublimatam proprietatem puram prime materiæ.*

La préparation qu'il donne des dits métaux avant que de les dissoudre dans ladite eau régale, est encore, mystérieuse; car auparavant comme il dit, cela ne sert de rien. Il faut, dit il, auparavant sublimer le mercure, calciner le plomb, réduire le cuivre en vert-de-gris, réduire en crocus le fer, et réverbérer l'étain. L'or et l'argent seuls semblent n'avoir point besoin de préparation, quoiqu'ils soient plus fixes et qu'ils n'en aient pas grand besoin; mais il n'en parle point, il poursuit.

Les métaux étant ainsi réduits en liqueur, ajoutez, dit Paracelse, à cette huile métallique deux parties de la même eau-forte, faites-la putréfier au fumier pendant un mois, après quoi faites distiller jusqu'à ce que la matière se coagule au fond: si vous distillez encore cette eau-forte, vous trouverez ensemble deux éléments, mais non les mêmes de tous les métaux; car a l'égard de l'or la terre et l'eau restent dans le bain, mais l'air est avec les trois autres; et l'élément du feu restera dans le fond; car la substance tangible de l'or, quoique coagulé n'est que feu. De la lune restera au fond l'élément de l'eau, et dans le bain l'élément de la terre et du feu cause que la substance de l'argent vient du froid et humide, qui est de nature fixe, et ne peut pas élever. Pour ce qui est du mercure, le feu reste au fond, et la terre et l'eau montent. Du cuivre reste aussi le feu au fond, et la terre et l'eau demeurent dans le bain, l'élément de la terre reste au fond ; si la dissolution est du plomb du Jupiter, l'air reste au fond, et la terre et l'eau se séparent de lui.

Il faut remarquer que dans le seul étain l'air est supérieur, mais cet air n'est pas corporel, il demeure avec les autres desquels il est inséparable.

Il faut remarquer aussi que l'élément corporel qui résulte de cette dissolution, doit être réduit en huile avec nouvelle eau-forte, faisant digérer le tout au bain, et de cette manière cet élément sera parfait, que vous conserverez pour une part, et vous séparerez les autres éléments de la manière qui suit : mettez les éléments qui restent au bain à petit feu, en premier lieu l'eau montera et se distillera ; ensuite le feu qui se fait connaître par la couleur, mais l'élément véritable est au fond, en premier lieu s'élèvera la terre, et ensuite le feu ; mais si l'eau, la terre et le feu étaient ensemble, l'eau montera la première, ensuite le feu et la terre après, et l'on pourra conserver chacun de ces éléments pour s'en servir à propos, suivant leur nature, car par exemple, l'élément du soleil fera l'action de chaleur et sécheresse sans autre propriété ; quant à celui de la lune, il sera froid et sec, et ainsi des autres.

Mais n'oubliez pas qu'il faut ôter le corrosif de l'eau-forte, comme nous le dirons au chapitre de la quintessence.

Par tout ce qu'on vient de dire, on voit que Paracelse cache encore avec plus de soin la séparation des métaux, comme étant d'une plus grande importance ; mais voyons ce qu'il dit dans l'article de la quintessence, nous donnera un peu plus de lumière.

Livre quatrième de la quintessence des métaux

Nous dirons en peu de parole ce qui regarde l'extraction de la quintessence des métaux, dans lesquels grand nombre de personnes ont trouvé de nos temps beaucoup de difficultés suivant les chemins qu'ils ont pris pour y parvenir.

Il faut donc savoir que les métaux doivent le diviser en deux manières c'est-à-dire dans leur quintessence et en leur corps, et que l'un et l'autre doivent venir en liqueur potable, et lesquels étant une fois séparés, ces deux liqueurs ne se mêlent plus ensemble, car le corps impur rejette en haut la

ABRÉGÉ DE LA DOCTRINE DE PARACELSE

quintessence, comme le lait fait de la crème : et par ce moyen il en résulte deux huiles grasses, qu'il faut séparer l'une de l'autre ; l'huile grasse du corps impur est toujours blanche au fond, de quelque métal que ce soit, mais leur quintessence est colorée des couleurs que nous avons dit ci-dessus.

Le procédé est comme il s'enfuit ; dissolvez le métal en eau, étant dissout, distillez au bain, cohobant, et putréfiez autant de temps qu'il apparaisse en forme d'huile, que vous distillerez en des petits alambics, et une partie du métal restera au fond ; remettez-le en huile comme auparavant réduisez-le autant de fois jusqu'à ce que tout le métal monte.

Putréfiez-le encore pendant un mois, réduisez-le encore à petit feu ; en premier lieu les vapeurs monteront et fleureront dans le récipient, vous séparerez cette distillation, enfin monteront deux couleurs obscures, l'une blanche, et l'autre suivant la nature et couleur du métal. Il faut séparer ces deux couleurs l'une de l'autre : afin que la quintessence reste au fond, que la couleur blanche qui est le corps impur, surnage. Il faut séparer ces deux liqueurs par l'entonnoir, et dans une fiole conserver la quintessence sur laquelle vous verserez de l'eau ardente très rectifiée ; et faites digérer le tout ensemble, jusqu'à ce que toute l'aridité soit séparée de l'essence métallique, réitérant cela plusieurs fois : enfin mettez dessus de l'eau deux fois, distillez et lavez-le le bien, jusqu'à ce que l'essence devienne bien douce, conservez-la. Par ce moyen l'on prépare la quintessence des métaux : si vous mettez en corps la liqueur blanche, vous aurez un corps malléable qui ne ressemble à aucun métal.

Il y a plusieurs autres voies qu'on prétend propres à tirer l'essence des métaux, desquels nous ne parlerons pas, parce que je ne les crois pas ni bonnes ni véritables extractions des essences.

Ce procédé de Paracelse est sans doute très obscur ; tout ce qu'on en peut tirer ; c'est qu'il faut corrompre intimement les métaux, de manière qu'ils deviennent en liqueur ; non en liqueur, par les simples eaux fortes, mais par quelque liqueur qui pénètre et s'attache intimement au profond du métal, et que par diverses digestions, distillations, et cohobations, le corps impur se sépare du pur qui est l'essence. Ce qu'on connaît par deux liqueurs différentes, qu'il faut séparer en dulcifiant la liqueur colorée avec l'esprit de vin et l'eau distillée.

Notez qu'il dit que cette dissolution se doit faite avec une chose qu'il appelle *complexionè* c'est-à-dire que ce soit de la même complexion et nature du métal : et c'est le grand secret qu'il cache, et qu'il découvre ensuite, quoique non en entier. Il reste donc toujours à savoir quelle est la matière du menstrue dissolvant et sa préparation, dont Paracelse se sert pour faire la corruption radicale des métaux; car l'expérience et la raison montrent que ce ne peut pas être une eau-forte, ni un sel armoniac vulgaire.

Il faut donc le chercher, ou deviner, si nous considérons ce qu'il dit dans l'article suivant où il parle de l'extraction de l'essence des marcassites, antimoine, bismuth et semblables; dans lesquels il dit y avoir autant de vertus que dans les métaux: et dans le procédé, dit être le même que l'on use dans l'extraction des essences métalliques; il se sert de ces paroles.

Prenez, dit-il, la marcassite que vous voudrez, réduisez-la en poudre très fine: sur une livre de marcassite versez *deux livres d'eau dévorante*, et laissez digérer pendant deux mois, afin que la marcassite se réduise en liqueur, distillez, et la marcassite se réduira en huile, que vous digérerez encore un mois, et procédez ensuite comme nous avons dit des métaux; car vous avez deux couleurs que vous séparerez et purifierez, comme on l'a dit ci-dessus.

L'on voit donc que Paracelse cache le dissolvant des métaux et des marcassites sous le nom *d'eau dissolvante dévorante*, laquelle n'est pas l'eau-forte commune, qui ne peut pas faire l'effet désiré, comme l'expérience le montre. Tout le secret est donc sans doute caché dans le dissolvant et qui le sait, sait tout, le reste n'est que bagatelle: et c'est ce que tous les Philosophes ont caché.

Ur pour savoir quelle est cette eau dévorante, il faut avoir recours à la clef, dans laquelle il me semble qu'il se sert de plusieurs sortes d'eaux.

Je mettrai ici tous les dissolvants, appelle eau corrodante dissolvante et dévorante: en quelque lieu, il déclare que l'eau dissolvante, qu'il entend est l'eau du sel, l'essence de sel circulé: *sub aqua solvente nostra, aqua samis intelligenda est.*

En une autre occasion, il dit que sous le nom d'eau dissolvante ou corrodante, il faut entendre le vinaigre mêlé avec l'esprit de vin qui ait été distillé plusieurs fois et retiré, et cohobé sur la substance de l'esprit du sel; *sub aqua solvente vel corrodente, intellige acetum cum spiritu vivi mixtum, et qui sæpe a salis comminis spiritu abstractus in acetum facesserit.*

En un autre endroit pour faire cette corruption des choses métalliques, il le sert de l'esprit de vin mêlé avec l'eau dissolvante qu'il dit être l'eau du sel. *Corrumpe cum spiritu vivi commisto aquæ solventi, puta salis*, dans lequel menstrue il dissout les marcassites, *in eo fixæ marcasitæ disolventur.*

Quelques fois il dit que cette eau dissolvante est l'esprit du sel distillé et mêlé avec le sel commun pur, avec lequel on doit le distillera tant de fois, jusqu'à ce que la substance du sel se convertisse eu une huile fixe; *sal recens*

ABRÉGÉ DE LA DOCTRINE DE PARACELSE

cum aquæ solvente, qui est spiritus salis distillatus, tam diu distilletur, donec tota substantia salis in oleositatem perpetuam reducatur.

Il fait encore un autre dissolvant qu'il appelle vinaigre radical, pour le faire, il faut distiller souvent le vinaigre sur le marc du vinaigre et le corriger avec des briques : *sub aceto radicato intellige acetum acre aliquties ab aceti matrice tartaricata aut lateribus correctum habeas* : avec ce vinaigre se fait aussi certaines dissolutions, suivant les occasions.

Par où l'on peut voir que Paracelse se sert de divers dissolvants, suivant les occasions ; mais comme le vinaigre, ni le sel, ni l'esprit de vin ne peuvent pas dissoudre radicalement les métaux et les marcassites, il est à croire que son vinaigre très aigre est celui qui est fait de l'essence du vif-argent mêlé avec l'essence de sel commun, dans lequel il est sûr que tous les corps métalliques se dissolvent radicalement ; et ce vinaigre, cette eau corrodante ou solvente est sans doute ce qu'il appel : *arcanum primi entis mercurii quod a Philosophis acetum acerrimum metallicum appellatur;* et je ne doute pas que ce ne soit aussi ce sel armoniac de Raymond Lulle, lequel Paracelse mêle dans l'eauforte, lorsqu'il parle de la séparation des éléments, et qui réduit tous le métaux en liqueur colorée de la couleur des métaux. Nous verrons dans la suite comme il montre qu'il faut faire ce vinaigre métallique, et que la clef de ces secrets consiste dans ce vinaigre métallique et dans l'essence du sel commun, dont il se sert à cet effet pour le faire.

Dans le Xe Livre des Archidoxes que Paracelse appelle la clef des autres, on ne tire pas plus de lumières sur cette manipulation, qu'il cache toujours comme la plus importante. Voici seulement ce qu'il en dit en général, tant de la quintessence des métaux, que de toute autre chose.

Liv. X. Chap. 2 de la quintessence

Tirez le volatil qui monte dans la séparation des éléments, cohobant souvent ensemble le volatil et le fixe ; afin que la quintessence qui est passée avec le volatil se réunisse avec celle qui reste au fond, (ou bien que celle qui est restée au fond monte avec celle qui est déjà montée) prenez l'élément fixe qui reste au fond après la séparation des trois éléments imparfaits, (l'air, l'eau et la terre) et faites cela en quelque nature de corps que ce puisse être, dissolvez-le après dans son eau convenable (c'est le nœud de la difficulté) chacune suivant sa nature, comme nous l'avons dit dans les Livres des Archidoxes. Digérez ensemble longtemps, distillez par la cohobation, et le reste *per descensum* : Putréfiez encore, distillez et joignez le tout, distillez après au bain-marie jusqu'à l'oléaginosité corrompez ou pour mieux dire putréfiez avec l'esprit de vin très subtil, en bouillant, l'impur tombera au fond, et le pur surnagera.

Séparez par le *tritorium*, et afin que toute l'acrimonie, de l'eau-forte s'en aille mettez plus grande quantité d'esprit de vin, ce que vous ferez plusieurs fois abluant, et digérant jusqu'à ce que la quintessence soit bien douce : enfin lavez-la avec de l'eau bien distillée, comme on l'a dit.

Cette méthode est commune non seulement aux métaux, mais aux marcassites, aux pierres, aux racines, aux herbes, aux chairs, choses liquides ou fixes ; il faut que suivant la doctrine de la séparation des éléments vous sépariez les trois éléments imparfaits, et que vous procédiez ensuite sur l'élément fixe, (l'huile ou mercure de ce corps) de la manière que nous l'avons enseigné dans le Livre de la quintessence.

Commentaire

Comme j'ai mis ensemble la manière dont Paracelse procède, ou sur les herbes, ou sur les sels, ou sur les métaux et marcassites, on peut voir que le procédé sur les divers corps desquels on veut extraire la quintessence, est aussi différent ; car on la tire plus facilement des végétaux et animaux, et plus difficilement des sels ; mais encore plus difficilement des métaux. L'on peut tirer des végétaux aussi bien que des sels une humidité avec laquelle ils se corrompent eux-mêmes ; car sans la putréfaction, il est impossible de séparer les éléments ou particules des mixtes, lesquelles sont très bien mêlées ensemble, et la quintessence avec elles ; et sans cette décomposition et sans la corruption des parties, il ne se peut faire aucune séparation.

Mais la difficulté est plus grande dans les métaux et marcassites et pierres, par deux raisons : la première, parce que les métaux et les marcassites ont les principes ou éléments mêlés plus subtilement et plus fortement, et par conséquent on les décompose et putréfie plus difficilement.

La seconde raison est que les corps métalliques, étant très secs et arides, l'on ne peut tirer d'eux aucune humidité pour les putréfier et corrompre. Or on ne peut putréfier et corrompre quelque chose sans l'humidité : il faut donc ajouter aux métaux et marcassites une humidité, mais ce qu'il importe le plus est qu'il faut y ajouter une humidité qui soit de leur nature, et assez subtile pour pénétrer jusqu'au plus profond de ces corps, afin que toutes les plus petites parties puissent le dissoudre et se décomposer ce que les eaux fortes communes ne peuvent pas faires ; car elles ne font que corroder et limer (pour ainsi dire) le métal plus facilement qu'une lime ne ferait.

ABRÉGÉ DE LA DOCTRINE DE PARACELSE

Il faut donc un dissolvant à pénétrer les plus petits pores de ces petites parcelles, que l'eau-forte n'a fait que limer ; et c'est cette dissolution des plus petites partie qu'on appelle dissolution et corruption radicale.

Il faut outre cela que le dissolvant soit le plus proche qu'il est possible de la nature essentielle du corps que vous voulez dissoudre et décomposer car outre que sans cela la décomposition ne le ferait pas bien, si elle se faisait, la quintessence que vous voulez extraire se mêlant avec le dissolvant, s'altérerait et changerait de nature, et il en résulterait une troisième substance dissemblable.

Or pour faire une véritable pénétration et dissolution du corps, en manière que vous en puissiez tirer l'essence, les Adeptes donnent cette règle qu'une essence tire une autre essence, parce que comme la tourbe des Philosophes le dit, et la vrai politique le montre, la nature le réjouit avec ce qui est de la nature, et sa nature embrasse une semblable nature.

Cette doctrine nous montre donc, qu'une quintessence tirant l'autre, il faut nous servir de quelque humidité qui soit semblable en essence, et la plus proche qu'il est possible de la substance essentielle du corps métallique. De cette manière cette essence pénétrera et embrassera la nature interne métallique, la tirera dehors avec elle, et ce qu'importe, n'altérera point la nature de la quintessence que vous voulez extraire des métaux marcassites métalliques.

Que si l'on demande quelles sont tes essences de la nature des métaux, je réponds qu'il y en a de deux sortes, l'une prochaine, l'autre très prochaines ; la prochaine sont les essences des sels, soit le sel commun, ou les sels minéraux, particulièrement celle du vitriol.

Mais Paracelse se sert du sel commun qui est le premier être, ou le principe et la source de tous les autres sels. Car il faut remarquer que dans le règne métallique la sécheresse saline domine comme dans les plantes le mercure universel, c'est-à-dire l'humidité, et dans les animaux le soufre ou chaleur : ce sont les règnes des trois frères Jupiter, Neptune et Pluton. Le sel donc dominant dans les métaux, l'essence du sel les pénètre et les décompose intérieurement.

Mais l'humidité très prochaine des métaux est l'essence du vif-argent ; la substance de tous les métaux n'étant que vif-argent, comme l'on voit par la résolution de tous les métaux en argent-vif.

Abrégé du cinquième Livre des Archidoxes du
grand Paracelse, des Arcanes. Conjointement avec
le sixième Livre des Magistères

ABRÉGÉ DE LA DOCTRINE DE PARACELSE

Tous secrets de Paracelse sont fondés sur l'extraction des quintessences de divers corps, de manière que les Arcanes et les Magistères comme lui-même le dit au dixième Livre, « ne font que les quintessences exaltées et poussées à une plus grande perfection par la circulation ; et autres manières qui purifient et subtilisent la quintessence, » et nous verrons ensuite que les élixirs ne sont ordinairement qu'un mélange de plusieurs essences, ou bien une quintessence exaltée.

Mais pour une plus grande clarté, nous avons besoin du dixième Livre qui est la clef des autres, et sans lequel on aurait trop de peine à comprendre quelque chose dans les autres Livres ; dans lesquels exprès les choses principales qui servent à l'extraction des quintessences métalliques, qui sont celles qu'on appelle proprement Arcanes : parce que ce sont les choses les plus secrètes de la Chimie, et par lesquelles on peut faire la Pierre Philosophale et les diverses Médecines qui guérissent non seulement le corps humain de toutes les maladies, mais les métaux imparfaits de leurs imperfections, et les réduisent à la pureté de l'or.

Mais quoique les Arcanes et les Magistères aient le même fondement, c'est-à-dire, la quintessence, néanmoins comme Paracelse y met quelque différence dans la définition qu'il en donne, il faut voir en quoi consiste cette différence.

Dans la clef il dit clairement qu'il faut entendre que les Arcanes sont autre chose *que des quintessences graduées ou exaltées au plus haut degré de perfection.*

Quant aux magistères, il que ce sont des mystères de l'Art : car sans avoir besoin de tout le travail que l'on fait pour extraire la quintessence de la manière que l'on l'a dit ci-dessus ; par les Magistères non seulement on tire facilement la quintessence de tous les mixtes, mais on convertit tout le corps du mixte en quintessence, comme le feu convertit tout le bois en sa nature de feu, excepté quelque peu de cendre qu'il laisse, ce qui est assurément un grand mystère de l'Art ; comme il nous l'a dit dans la clef par ces paroles : *de même, dit-il, que je vous l'ai ordonné dans les autres Livres, je vous ordonne encore en celui-ci d'avoir égard à la concordance des natures ; car la chose que vous ajoutez au mixte, ayant à transmuer en sa propre nature essentielle celle à qui vous l'ajoutez ; il faut qu'il y ait une convenance de nature, et qu'elle soit facilement transmuable dans la nature de l'agent.*

Pour cela dans la clef il donne l'exemple du Magistère du vinaigre : *si vous voulez faire une quantité de vinaigre, il vous faut avoir auparavant le tartre ou la lie du vinaigre qui doit faire la transmutation de quelque liqueur en vinaigre : Or pour transmuer une liqueur entièrement en vinaigre, vous ne prendrez pas de*

ABRÉGÉ DE LA DOCTRINE DE PARACELSE

l'eau, mais vous prendrez du vin, parce que le vin est la nature la plus prochaine du vinaigre qui auparavant a été vin; alors avec une petite quantité du ferment du vinaigre vous changerez en bon vinaigre en peu de temps une quantité suffisante er convenable de vin; convenez aussi que pour rendre la chose plus facile et faire plus vite, vous corrompez auparavant le vin que vous voulez transmuer, en le faisant bouillir, ou le laissant à l'air, afin que l'esprit s'évapore. Si vous voulez donc transmuer les métaux et les réduire en quintessence, il faut prendre ce métal singulier, et qui est déjà ouvert; et avec lequel tous les autres métaux (et marcassites) sont unis en nature (le-vif argent), il faut prendre dis-je ce métal ouvert, le corrompre dans sa matrice qui est proprement de l'eau (l'eau du sel marin ou l'essence du sel marin dont on parlera après) laquelle est aussi la mère de tous les métaux qui se liquéfient au feu comme fait la glace; ce métal ouvert et étant corrompu comme il faut et purifié des éléments superflus; il faut que vous les réduisiez, in primum ens : *c'est-à-dire en quintessence, et alors ce mercure est notre vinaigre très aigre; toutes les fois que vous ferez dissoudre et digérer les métaux dans ce vinaigre, nécessairement tous les métaux se changeront en vinaigre: c'est-à-dire en quintessence; mais se même que vous corrompez auparavant le vin afin qu'il se change plutôt en vinaigre, il faut en faire de même avec les métaux: il faut les corrompre et mortifier le mieux qu'il est possible.* Paracelse dit dans la séparation des éléments, *qu'il faut sublimer le mercure, calciner le plomb, rendre en vert-de-gris le cuivre, faire le crocus du fer et réverbérer l'étain (après l'avoir calciné) en un mot il faut les réduire en petites parcelles les plus fines, afin que le vinaigre métallique mercurial puisse les dissoudre.*

Par ces paroles précieuses qu'on ne peut trop lire et relire et apprendre par cœur, l'on peut voir que dans les Livres précédents Paracelse avait omis exprès le secret duquel tout l'Art dépend, c'est-à-dire que vous ne pourrez jamais corrompre les métaux, marcassites, et pierres, sans un menstrue assez puissant, qui soit de leur nature essentielle, et comme tous les métaux et marcassites sont inférieurement vif-argent coagulé, il n'y a que la quintessence du vif-argent qui puisse les corrompre et transmuer, et les rendre en liqueur potable de la couleur du même métal, comme nous l'avons vu dans le Livre des quintessences; et notez ce grand mystère, que la quintessence du vif-argent est cet argent-vif de l'argent-vif, et le mercure du mercure, tant prêché par les Philosophes, et qui seul disent-ils, a la vertu de réincruder les corps et les réduire en première matière avec la conservation de leur nature spécifique et métallique, parce que le seul vif-argent est de la nature des métaux, des demi métaux et marcassites, et c'est donc la quintessence du vif-argent que Paracelse appelle le *tempéré*, et ce que tous les autres recommandent si fort de joindre l'espèce avec l'espèce, si nous voulons faire une bonne génération, et ne pas produire des monstres; c'est ce que Paracelse recommande, d'avoir égard aux concordances que nous avons déjà indiquées, et qu'on ne peut trop répéter : il appelle ce menstrue *le tempéré*, parce qu'il est de tempérament métallique.

Notez aussi cette règle générale de tous les adeptes ; *qu'une essence tire facilement une autre essence*, mais plus facilement celle qui est de sa nature car elle se plaît mieux qu'avec une nature étrangère ; c'est pourquoi la quintessence du vif-argent tire facilement la quintessence des métaux, demi métaux et marcassites, parce que, comme on l'a dit, ces choses ne sont que vif-argent coagulé par un peu plus ou peu moins de soufre, ainsi la quintessence d'une herbe tire facilement la quintessence de toutes les herbes, mais plus facilement l'essence d'une herbe de même espèce.

Cela est visible dans l'esprit de vin qui est en quelque manière l'essence du vin. Le vin vient de la Vigne qui est un végétal. Toutes les herbes que l'on met en infusion et à digérer avec l'esprit de vin, cet esprit tire leur essence ; mais notez que cette essence que nous avons tirée ainsi, n'est ni parfaite ni pure, car elle tient en partie de l'essence du vin ; et l'essence du vin de sa part est aussi altérée par l'autre essence qu'il a attirée à soi. Mais qui veut avoir l'essence pure d'un végétal, il faut la tirer par l'esprit essentiel et par le mercure essentiel du même végétal.

Ainsi Paracelse enseigne (au livre X) que le Magistère des herbes se fait facilement, *il faut*, dit-il, *premièrement les faire fermenter comme du moût, tirez-en après l'esprit comme vous faites de la lie de vin, digérez dans cet esprit l'herbe auparavant bien putréfiée, renouvelant d'autres herbes jusqu'à ce que vous ayez l'esprit en quantité quadruple.*

Il serait donc à désirer que Paracelse nous donnât la manière de faire ce vinaigre très aigre du vif-argent qui est son essence et le mercure du mercure, puisque sans cela on ne peut pas avoir l'essence des métaux tant pour faire les Magistères, que pour la composition des grands Arcanes ; entre lesquels sans doute est la Pierre des Philosophes qui ne se peut point faire sans la quintessence séminale de l'or ou de l'argent.

Mais ce grand Philosophe n'a pas été si envieux que les autres ; il nous a donné la manière de faire ce vinaigre métallique très aigre, et parce qu'on ne peut tirer la quintessence du mercure sans quelque autre quintessence qui le corrompe auparavant, il a choisi pour cet effet la quintessence du sel, duquel en grande partie le vif-argent est formé : le mercure du sel est (comme il le dit) la mère de tous les métaux ; car le mercure commun est formé en partie d'une eau visqueuse et salée, et c'est pour cela qu'il ne mouille point ce qu'il touche, si ce n'est les métaux qui abondent en vif-argent ; car, comme dit Geber, le vif-argent se mêle plus facilement au vif-argent, ensuite à l'or, après au plomb et à l'étain, enfin au cuivre et difficilement au fer, d'où il conclu que ne se mêlant à aucune autre chose qu'a soi-même et aux métaux, ceux auxquels il se joint plus facilement, contiennent plus de mercure.

Nous allons donc voir auparavant comme il faut faire le *primum ens*, ou essence du sel ; ensuite nous verrons comme il fait le premier être ou quintessence du mercure vulgaire, desquels quoiqu'il ait déjà dit quelque chose dans le Livre de la quintessence, il en parle bien plus clairement dans le dixième Livre qu'il appelle la Clef des autres.

Mais il ne faut pas croire qu'il enseigne ces secrets aussi juste et aussi nettement que s'il enseignait à faire du fromage ; il a déclaré dans la préface de cette clef, que de crainte que les méchants et ignorants ne deviennent égaux aux bons et aux savants, il ne laissera pas d'omettre des choses que les gens d'esprit trouverons, mais que les autres ne trouveront jamais. Je traduirai mot à mot ces deux grands secrets, afin que ceux qui sont experts dans l'Art voient ce qu'ils doivent faire.

Préparation du sel circulaire de Paracelse

Dans nos autres Livres, dit-il, j'ai montré suffisamment que le véritable élément (d'où viennent les métaux) et même les végétaux, est l'eau de la mer ; que cette eau est la véritable mère des métaux, et que de son premier être (*primum ens*) le premier des trois principes (le sel) a pris son origine, et qu'aucun avant moi n'a fait et n'a point expliqué, n'ayant fait mention que des deux autres principes, le mercure et le soufre, ayant négligé de parler du troisième principe, c'est-à-dire du sel dont la mer est la source et l'origine ; et comme par l'expérience j'ai appris et que je l'ai insinué dans mes autres Livres, *que le premier être (primum ens) ou la quintessence de l'élément de l'eau* (l'eau saline) est le centre des métaux, et qu'ailleurs j'ai aussi ajouté que chaque fruit (chaque graine) doit mourir dans la matrice de laquelle il a tiré la vie, afin qu'il puisse recevoir d'elle une vie nouvelle, meilleure (comme on le voit dans toutes les graines des végétaux, qui ayant reçu la vie de la terre, se putréfient en elle, ils germent et ils fructifient) et que se cette manière le vieux corps de l'arbre qui a produit la graine, revient pour ainsi dire, en jeunesse dans l'un autre état plus parfait ; c'est pour cela que je mettrai ici l'extraction du centre de l'eau (la quintessence du sel qui est la mère des métaux), et dans laquelle les métaux doivent se putréfier et laisser leur vieux corps.

Prenez le véritable élément de l'eau en sa place quelque autre sel qui ne soit pas tout-à-fait sec par le feu ; ou si vous voulez prenez du sel gemme dépuré dissolvez-le dans le suc raves fortes, ou raifort, mêlé avec deux parties

ABRÉGÉ DE LA DOCTRINE DE PARACELSE

d'eau commune, laissez-le putréfier au fumier avec soin, et le plus de temps qu'il y demeurera sera encore mieux, ensuite laissez le congeler et putréfier encore un mois, distillez par la cornue et poussez à grand feu ce qui reste en manière qu'il fonde ; réverbérez dans la retorte avec un feu continuel, faites dissoudre sur le marbre l'eau qui en vient, mettez la dans le sel qui est resté, et putréfiez de nouveau, distillez encore jusqu'à ce qu'il reste comme de l'huile, versez dessus de l'esprit de vin, et ce qui est impur tombera au fond, séparez l'impur, cristallisez ce qui est pur dans un lieu froid, mettez dessus ce qui a distillé et cohobé tant de fois, jusqu'à ce qu'il reste au fond comme de l'huile fixe et qu'il ne sorte plus rien de doux, digérez encore un mois et distillez tant de fois jusqu'à ce que l'Arcane du sel passe par l'alambic et ne vous ennuyez pas d'un si long travail ; car ceci *est la troisième partie de tous les Arcanes, sans lequel rien de bon et rien de profitable ne si peut tirer des minéraux des métaux.*

Quoiqu'il y ait plusieurs voies pour tirer l'essence du sel, celle-ci est la plus utile et meilleure ; et ensuite celle que nous avons donnée en parlant de l'élixir du sel. Il faut donc que vous preniez du sel nouveau, lequel vous mettrez digérer avec l'eau dissolvante, qui est l'esprit du sel distillé et que vous le distillez et cohobez tant de fois ensemble jusqu'à ce que toute la substance du sel se dissolve en une forme d'huile, et que le corps impur se sépare en forme de flegme. De cette manière vous pouvez faire le magistère du vitriol, du tartre et de tous les autres sels.

Pour tirer une plus grande lumière sur la manière de faire cette essence du sel, je mettrai ici ce que Paracelse vient de citer de l'élixir du sel.

Prenez, dit-il, du sel bien préparé, très blanc et net, mettez dans le pélican autant d'eau dissolvante qui soit six fois du poids du sel, digérez au fumier pendant un mois, distillez l'eau dissolvante (qu'il dit dans la clef) être l'esprit du sel, et remettez-la de nouveau sur le sel restant ; redistillant tant de fois jusqu'à ce que le sel devienne comme de l'huile.

Paracelse pour former son élixir y ajoute la quintessence de l'or, de laquelle il n'est pas question à présent.

Pour tacher d'avoir encore quelque lumière sur cette matière, j'ajouterai une autre manière que Paracelse nous donne en un autre lieu ; voici comme il s'explique.

Prenez, dit-il, du sel gemme purifié, et faites le fondre dans un creuset bien fort, à grand feu, l'y laissant en fusion pendant une heure, le sel étant refroidi pulvérisez-le encore et fondez-le comme auparavant, faisant de même cinq ou six fois comme la première ; (peut-être il faut le dissoudre pour en séparer la terre) ayant pulvérisé le sel, ajoutez-y du suc de raifort comme auparavant ;

ABRÉGÉ DE LA DOCTRINE DE PARACELSE

(c'est-à-dire mêlant le suc avec de l'eau commune, et le passant par un linge) faites dissoudre ainsi votre sel, et laissez-le digérer, distillez par l'alambic, coagulez et réduisez-le en poudre ; putréfiez six jours et distillez à grand feu comme si vous faisiez de l'eau-forte, observant les degrés du feu, continuant ainsi jusqu'à ce que rien ne distille ; continuez le feu afin qu'il se calcine bien, et ce, pendant une heure, pulvérisez le sel tout chaud, et faites le dissoudre sur le marbre en lieu humide, putréfiez cette dissolution et distillez et répétez cela trois fois, ce qui reste dissolvez-le encore, et mettant dessus toutes les trois eaux distillées, faites-le encore digérer cinq jours, distillez au sable ; et ainsi distillant et putréfiant, enfin tout le sel montera, excepté un peu de terre morte que vous rejetterez purifiez encore toute l'eau distillée pendant un jour, rectifiez ensuite deux ou trois fois, vous aurez l'eau ou quintessence du sel (en forme d'huile).

Je donnerai encore une autre recette de Paracelse plus courte, et par laquelle on épargne tant de fusions en calcinant le sel voici.

Prenez, dit-il, du sel commun et du nitre, parties égales, calcinez-les ensemble, selon l'Art (avec le charbon pilé) de ce sel calciné on distille un esprit qui résout l'or en huile ; mais il faut que pour faire cette eau de sel, l'on soit fort expert dans la Chimie.

La lumière qu'on tire de cette recette est qu'il n'est pas nécessaire de faire toutes les longues fusions ci-dessus et qu'il suffit de le calciner avec le nitre, mais cependant il faut faire le reste que l'on a vu dans les autres recettes.

Pour réduire le vif-argent en premier être ou
quintessence. Liv. X. Archid. chap. IX

Voici le plus grand de tous les secrets, lequel consiste dans la manière de tirer la quintessence du vif-argent par le moyen dudit sel, et c'est ce que les Philosophes appellent vinaigre très aigre métallique et leur sel armoniac végétable, parce qu'il fait végéter les métaux, et de morts qu'ils étaient leur donne la vie végétable et multiplicative ; et c'est ce grand secret que tous les Philosophes ont tant caché, que Paracelse nous révèle en partie.

Si vous voulez réduire le mercure vulgaire en quintessence liquide, il faut auparavant le mortifier, ce qu'on fait par diverses sublimations jusqu'à ce qu'il devienne comme un cristal fixe, le sublimant avec le vitriol et sel commun plusieurs fois. Dissolvez-le ensuite dans sa matrice c'est-à-dire dans la quintessence du sel susdit, putréfiez pendant un mois, corrompez encore avec nouvel Arcane du sel, et l'impur tombera au fond, cristallisez le pur, sublimez ces petits cristaux dans un réverbère clos, tournant le réverbère à mesure jusqu'à ce qu'il devienne rouge, retirez ce sublimé avec l'esprit de vin parfaitement subtil, faites l'extraction, ce qui reste, dissolvez-le sur le marbre. Digérez pendant un mois, versez nouvel esprit de vin digérez et distillez : alors vous aurez le premier être ou quintessence du mercure qui distiller en forme que les Philosophes appellent vinaigre très aigre métallique, dans nos Archidoxes, nous le nommons le circulé majeur, à la différence de celui du sel commun.

Et notez que la quintessence du sel commun, aussi bien que celle du vif-argent, étant liquides on les fait circuler encore quelques semaines au bain, afin que quelques impuretés tombent au fond et deviennent plus subtiles, et alors on l'appelle sel circulé, mercure circulé.

Voilà les deux plus grands secrets de Paracelse sans lesquels, comme il le dit lui-même ; l'on ne peut rien faire d'utile sur les métaux et choses métalliques, qui n'ayant point de suc qu'on puisse tirer d'eux, on ne peut les corrompre et les réduire en liqueur que par l'addition des choses qui sont de leur nature.

Les végétaux et les sels donnent leurs sucs avec lesquels on peut les résoudre, corrompre et putréfier ; et par ce moyen les décomposer et tirer leur essence sans addition : mais les choses métalliques ayant besoin d'addition, il faut avoir égard au tempérament et à la concordance des natures, si vous voulez bien faire.

Il nous faut donc faire quelques observations sur les Magistères. Paracelse insinue que les magistères sont des mystères de l'Art, par lesquels vous pourrez transmuer en quintessence tout le corps que vous voulez transmuer : l'exemple est dans le vin ; avec la quintessence du vinaigre qui est dans son tartre et dans sa lie, vous transmuez, dit-il, tout le vin corrompu en bon vinaigre ; de même, ajoute-t-il, avec la quintessence de l'argent-vif, vous pouvez transmuer tous les corps métalliques en liqueur essentielle. Le mystère donc des Magistères consiste en ce que, par exemple, la quintessence d'une herbe étant mêlée avec du jus d'une herbe semblable en nature et en quantité convenable, ce jus sera changé en quintessence, comme le vin est changé en vinaigre par l'essence du vinaigre qui est dans le marc du même vinaigre bien fort.

Mais Paracelse nous avertit qu'il faut prendre garde aux convenances, et que l'essence du vinaigre transmue le vin en vinaigre, parce que le vinaigre a été vin, il ne faut pas penser non plus que cette transmutation des Magistères se fait en un instant mais après des digestions convenables et suivant les doses du mélange, car il faut remarquer que l'agent doit surpasser en quantité la liqueur transmuable, et que cette liqueur plus elle sera proche en nature, plus facilement elle sera transmuée.

Je neveux rien déterminera mais j'insinue seulement ce que la raison dicte : il y a différence du vin et du vinaigre, mais ils n'ont aucune convenance avec les corps métalliques ; je conviens bien qu'on peut rendre potable tout le corps de l'or, cependant, ce ne sera pas une véritable quintessence mais le corps de l'or tant ouvert et rendu potable, la quintessence agira comme l'esprit de vin lorsqu'il est mêlé dans toute la substance du vin, mais il y a différence entre l'esprit du vin pur et l'esprit qui est avec le vin.

Je crois donc que ce que Paracelse dit, il faut l'entendre avec un grain de sel, et au surplus s'en rapporter à la propre expérience.

Des Arcanes cinquième Livre

J'ai parlé des Magistères avant les Arcanes, parce qu'il me semble qu'on ne peut pas composer ces Arcanes sans les choses dont nous devons parler, comme le Lecteur en pourra juger.

Paracelse nous propose quatre Arcanes ou grands secrets : le premier est l'Arcane de la première matière ; second, de la Pierre Philosophale ; le troisième du mercure de vie ; le quatrième, de la teinture de ces choses. Quant à l'Arcane de la première matière, il dit qu'elle est fondée non- seulement sur la première matière de l'homme, mais encore sur celle de toutes les créatures corporelles, et sur tout ce qui vient par semence, *super omne quod ex semine quopiam nascitur*, et que cette première matière philosophique préserve les arbres de la corruption, empêche les herbes de sécher, qu'elle empêche que les métaux se rouillent ou qu'ils se gâtent ; et mieux encore elle empêche les hommes et les animaux de se corrompre ; et par ce moyen les vieux arbres rajeunissent ; les herbes qui sécheraient l'hiver, conservent leur verdeur, se renouvelant par leur propre matière première (qui est leur essence séminale végétative) car, dit-il, comme la peau de la Salamandre sort du feu, nette et purifiée de toutes sortes d'ordures ; de même les animaux et végétaux se purifient dans leur intérieur, de manière qu'on peut vivre en santé au delà de ce qu'on aurait fait par le cours ordinaire de la nature ; la vertu de cet Arcane consiste donc en quelque manière à renouveler les principes vitaux de tous les êtres, et à les conforter et purifier parfaitement.

Pour savoir ce que c'est que cette première matière dont on doit se servir, il dit que dans les corps visibles, c'est la semence de ce corps, et dans les corps sensibles c'est leur sperme.

ABRÉGÉ DE LA DOCTRINE DE PARACELSE

Il faut savoir, dit-il encore, qu'il ne faut pas prendre la première matière insensible, mais la sensible qui vient d'elle ; et de telle vertu, qu'elle ne permet pas que le corps se consomme, car elle fournit de quoi pouvoir réparer ce qui se perd et se dissipe, tant aux animaux, qu'aux plantes.

Par exemple la quintessence de la semence des orties ou des cerisiers, si on la met à leurs racines, et qu'elle puisse attirer cette esprit ou teinture de leur première matière, elles ne pourriront pas dans l'hiver ni les feuilles des arbres ne sécheront point, quoique suivant le cours ordinaire elles dussent se sécher. Il faut dire de même des autres plantes et arbres qui resteront verts pendant toute l'année, et ils fructifient d'avantage.

Nous ne parlerons donc pas, dit-il, de la quintessence du sperme, mais de l'Arcane du sperme des choses, et nous en donneront la pratique comme d'un grand secret duquel on peut tirer des avantages bien plus surprenants que de sa quintessence, mais avant que de passer outre, il semble que Paracelse nous laisse en quelque obscurité, pour savoir quelle est cette première matière ; il dit bien qu'elle est dans la semence de tous les corps et dans le sperme de tous les animaux vivants ; mais j'ai de la peine à croire que pour la Médecine de l'homme, il veuille se servir de ce qu'on appelle *sperme de l'homme* comme quelques brutaux ont fait : il est vrai que dans la clef, il dit que les *Arcanes ne sont que les essences graduées*, c'est-à-dire exaltées au souverain degré de perfection, ce qui est déjà un point important à connaître, et il ajoute *qu'ils sont la même chose que les Magistères et les premiers êtres des chose exaltée, comme on l'a dit, au plus haut degré de perfection*; ce qui, ce me semble, se fait par une longue et exacte circulation.

Mais en expliquant la première matière il dit : *et pour le premier Arcane de la première matière je veux qu'on entende la première matière ou le premier être* (primum ens) *du limbe humain, et encore la première matière du mercure du sel* dont on a parlé ci-devant ; *car ce mercure*, dit-il, *est prochain et conforme en nature* (au limbe humain).

Il semble donc, que Paracelse entend sous le nom de *première matière* d'un corps, la quintessence de quelque corps, son mercure, qui ressemble au sperme, d'autant que cette liqueur est onctueuse et gluante, et que c'est en elle que gît la vertu générative et végétative. Et comme ce mercure est plein de sel volatil, et que l'homme fait beaucoup de sel volatil des choses qu'il mange, et du sel mêle dont les viandes sont assaisonnées, il dit que le mercure ou sperme du sel commun est prochain en nature au mercure du sang, duquel se forme le sperme animal, lequel sperme n'est autre chose que le sang dépuré, filtré, circulé et exalté par la nature au plus haut point de perfection.

Et notez que la Chimie n'a appris ces opérations que de la nature même,

ABRÉGÉ DE LA DOCTRINE DE PARACELSE

qui putréfie dans l'estomac la nourriture, la filtre et la cuit en lait, ensuite l'anime dans le cœur et dans les poumons. Elle sépare le pur de l'impur par diverses filtrations et circulations en divers viscères : car dans le foie se sépare la bile, et dans la rate le sang se filtre, et s'en sépare la mélancolie ; par les vaisseaux lymphatiques, se sépare le flegme, et en d'autres fibres et lieux propres, se séparent diverses parties impures. Enfin dans le cerveau se fait la dernière filtration et dépuration du sang, où se filtre l'esprit animal qui est la vraie quintessence du sang, et de tous les aliments.

Notez aussi que ces mêmes esprits animaux sont dans notre corps ce qu'on appelle *Magistère* dans la Chimie : car se mêlant avec sang et les aliments, ils changent ces aliments en substance de sang, et en esprits semblables à eux-mêmes ; ce qu'ils font en corrompant, digérant, filtrant, circulant, et séparant le pur de l'impur des aliments, comme savent ceux qui entendent l'Anatomie et les ressorts de la machine animale : Or les Chimistes font et doivent faire la même chose, c'est-à-dire en purifiant, distillant, cohobant, et filtrant ; et pour donner la dernière perfection à la quintessence, ils la circulent longtemps par le pélican, où elle se subtilise et purifie encore, laissant tomber au fond quelques crasses ou terrestréités subtiles et invisibles contenait en soi, et qui ne sont pas séparables par la simple distillation.

Par cette manière la quintessence devient enfin Astrale, c'est-à-dire aussi subtile que la lumière des Astres, semblable aux influences invisibles du soleil et des étoiles. Voilà en partie en quoi consiste (à ce que je crois) la perfection et la quintessence des Magistères, qui deviennent enfin Arcanes.

La pratique que Paracelse donne de l'Arcane, me confirme aisément dans mon opinion. Prenez, dit-il, une livre de la première matière (la quintessence) mettez-la dans une bouteille, et laissez-la circuler pendant un mois ; ajoutez-y un poids égal de la monarchie, et laissez circuler ensemble encore un autre mois, distillez enfin au bain, et conservez l'Arcane.

L'on voit qu'il n'y a qu'à circuler et digérer la quintessence, qui est la matière première et essentielle de la chose. Quant à savoir ce qu'il entend par *Monarchie*, il dit lui-même dans le traité de l'herbe *Millepertuis, Monarchia autem est id quod est optimum :* que le mot de Monarchie est universel, et commun à tout ce qui est de plus parfait ; on peut donc croire que toutes les quintessences peuvent mériter ce nom, et particulièrement l'Arcane du sel qu'il dit être plus proche de la première matière.

Sur ce point je laisse à chacun son opinion, d'autant plus que dans l'Allemand, au lieu de *Monarchie*, il y a *esprit de vin*, mais ce mot est aussi équivoque chez les Adeptes que celui de *Monarchie* : néanmoins je suis presque sûr que la substance de ce qu'il nomme *première matière*, n'est que la quintessence des corps, autrement appelée mercure ou sperme des corps par similitude, comme je l'ai dit dans les principes. Dans la clef il déclare nettement la chose. *Par l'Arcane de la première matière*, dit-il, *il faut entendre la première matière, ou le premier être* (primum ens) *du limble humain*, comme aussi la première matière du mercure du sel qui est prochaine en nature à tous les mercures ou essences ; c'est pourquoi, ajoute-t-il suivant le procédé des premiers êtres (des essences) réduisez-le tout en substance liquide, et ensuite joignez-le avec la Monarchie, comme étant la chose qui le vivifie, et la distillez enfin sans vous soucier du corps (impur.)

Du deuxième Arcane

Quant au second Arcane, qui est celui de la Pierre Philosophale, Paracelse déclare que sa manière d'opérer diffère de celles que d'autres Auteurs ont décrites dans leurs Livres, desquelles il ne veut pas se mêler, mais se tenir à ce que sa propre expérience lui a fait connaître. Il dit ensuite que les vertus de cette Médecine consistent à transmuer le corps humain, de la même manière qu'elle transmue le mercure ou le plomb en or : ce n'est pas, dit-il, qu'elle introduise une nouvelle matière dans le corps, mais c'est en perfectionnant celle qui existe, quand même elle serait sale et putride, comme le plomb est à l'égard de l'or. Et je ne puis m'empêcher de dire ici que le seul Paracelse a écrit dans tous ses Livres que les Médecins vulgaires n'entendent, en rien dans la Médecine ; car il n'est pas question d'ôter ce qu'on a dans le corps, c'est-à-dire qu'il n'est pas question d'ôter le sang pur par les saignées, ou d'évacuer les humeurs par des Médecines, parce que dans le sang, dit-il, sont les principes de la vie, et en ôtant ce qu'on a dans les entrailles par des médecines évacuatives, l'on en ôte à la vérité quelques humeurs peccantes, mais avec le mauvais vous ôtez aussi ce qui est bon et nécessaire à la vie. Il faut, dit-il, avoir des Médecines qui changent ce qui est mauvais dans les humeurs, dans les boyaux, ou dans le sang, qui le changent, dit-je, et de mauvais qu'il est, le rendent bon : c'est ce qu'il prétend faire par ses essences, et particulièrement par les Arcanes, élixirs etc. et c'est pour cela qu'il le déclare lui-même Monarque de la sciences, et qu'il se moque d'Hippocrate et de Gallien et des autres Médecins. Il est certain que ses principes sont bons, et ses Médecines parfaites, et la raison veut qu'elles soient excellentes.

Paracelse ne met ici le grand secret de la Pierre qu'en deux mots superficiels, disant, *prenez du mercure, appelé autrement l'élément du mercure*, (l'essence du mercure) *séparant le pur de l'impur, réverbérez-le ensuite jusqu'à la blancheur, et sublimez-le avec le sel armoniac jusqu'à ce qu'il se résolve en liqueur, calcinez après et faites-le dissoudre tant de fois que vous voudrez et rédui-*

sez-le ensuite en corps ; lequel est incombustible. Les corps métalliques que cette Pierre pénètre, résistent à la coupelle et à toutes expériences, purifiant tous les corps, tant métalliques qu'humains, et si j'ai dit tout en peu de paroles, c'est pour ne pas ennuyer le Lecteur. Il est vrai que s'il n'a dit tout, il a dit une partie fort importante.

Voilà ce qu'il en dit ici, par où l'on peut apprendre que la base de ce grand secret est l'essence du mercure, et ce qu'il appelle sel armoniac que nous verrons ensuite être l'essence saline de l'or ; car comme nous l'avons vu par l'autorité de Raymond Lulle, *Armoniacam mixtionem omnium elementorum quæ est in essentia, salem armoniacum nominamus, propter ejus exaltatam et sublimatam proprietatem purum primæ materiæ.* Or cette propriété et cette harmonieuse mixtion des éléments purs se trouve dans le plus souverain degré dans l'or ; et d'autant qu'on ne peut produire l'or sans semence de l'or, il faut avoir la quintessence séminale de l'or, qui se tire par le moyen de la quintessence du mercure, comme nous l'avons vu dans les Livres précédents. Mais parce que Paracelse a répandu en divers traités le secret de la Pierre Philosophale, telle qu'il l'a faite, je mettrai à la fin de ce traité un petit abrégé de ce qu'il en dit, afin que le Lecteur trouve tout ce qu'il y a de plus important sur ce sujet ; c'est pourquoi je n'en dirai pas d'avantage ici, mais je paierai au troisième Arcane.

Du Mercure de vie. Troisième Arcane

Il dit que le mercure de vie surpasse de beaucoup en vertu les deux Arcanes précédents, d'autant qu'il assure qu'il n'y a aucun corps simple qu'il connaisse avoir les vertus que contient en soi le mercure de ce corps ; lesquelles vertus, dit-il, ne lui viennent pas tant de la quintessence, que des vertus spécifiques de la même essence, comme il l'a montré en parlant des vertus spécifiques. Car, dit-il, ce mercure de vie transmue les corps en sa propre essence, les purifiant au plus haut degré, donnant la vie à toutes choses, tant aux végétaux qu'aux animaux, de la manière suivante. Le mercure de vie transmue le mars dans sa propre essence, d'une manière néanmoins que quoique le mars soit réduit dans l'essence de ce mercure néanmoins ce mercure peut se transmuer encore et devenir mars parfait, de la même manière, que l'or étant dissout passe en nature du mercure et transmue en sa nature, néanmoins ce mercure réduit après les autres métaux en or, semblable à celui qui a été transmué.

Et ce mercure de vie non seulement agit sur les métaux et minéraux, mais sur les plantes et sur les fleurs, auxquelles il donne une nouvelle vie et une nouvelle beauté, si on tes arrose avec une quantité convenable de ce mercure de vie.

Il faut entendre la même chose des brutes et des hommes, dont il renouvelle tous les membres du corps, si vieux et caduques qu'ils, soient, redonnant des forces nouvelles; fait que les femmes rajeunissent, leur rendant leurs menstrues et les rendant capables de concevoir.

Paracelse poursuit en montrant une des choses qui, à mon avis, mérite la plus grande attention, d'autant qu'elle met en évidence la perfection de cet élément céleste qu'on appelle quintessence.

La raison, dit-il, pourquoi la quintessence de l'antimoine, (c'est le sujet principal de cet Arcane) peut prolonger la vie, c'est par ce que c'est une quintessence, qui a des propriétés admirables entre autres celle de purifier le sang et toutes les parties du corps, et d'infuser des principes de vie, ce qu'il faut entendre ici. Quand un corps pourrit, ce n'est pas faute que dans ce corps il n'y ait encore beaucoup de quintessence vitale, ou que la même quintessence soit pourrie avec le corps : il est vrai qu'elle se disperse avec le corps, et qu'elle le dissipe avec les parties dudit corps, ou dans l'air, ou dans l'eau ou dans la terre ; mais la quintessence en elle-même ne se corrompt pas et ne se détruit point ; ce qu'il faut beaucoup remarquer et en même temps admirer.

Voyez la rose, par exemple, pourrie comme du fumier et dans le fumier ; elle retient toute son odeur qui lui vient, comme on l'a dit, de la quintessence ; et si elle pue, ce n'est que le corps corruptible qui pue ; la quintessence de la rose conserve toute la suavité de son odeur, comme il paraît ; car si vous mettez putréfier une quantité de roses au fumier, vous aurez une masse pourrie et puante ; mais si vous la mettez distiller, vous aurez de la bonne eau rose, laquelle eau est odoriférante, parce qu'elle est teinte de la quintessence de la rose, laquelle essence quelque fois surnage un peu l'eau en forme d'huile, si vous savez bien opérer : cela est encore plus visible dans plusieurs autres plantes, tomme l'absinthe, la sauge, le romarin, la lavande, et une infinité d'autres.

Le corps et les éléments impurs et grossiers sont puants quand ils sont pourris, mais la quintessence parmi la corruption puante, conserve toute son odeur, saveur et vertus. Si vous séparez l'incorruptible du corruptible, non seulement la quintessence n'aura rien perdu de son efficace et de ses propriétés par la pourriture du corps au contraire elle paraît d'autant plus forte, que toute la vertu répandue dans une grande masse corporelle, est ramassée en une petite quantité et dépouillée de son corps grossier, et elle est plus pénétrante, plus active et plus efficace.

ABRÉGÉ DE LA DOCTRINE DE PARACELSE

Ajoutez que pour guérir les maladies auxquelles elle est propre, étant privée de son corps corruptible qui se corrompt, facilement, dans un corps infecté par des humeurs corrompues, cette corruption du corps peut augmenter la maladie au lieu de la guérir, et plus encore quand les ferments de l'estomac et du sang sont fort malins.

Les quintessences des végétaux ne sont pas facilement altérées par les ferments qui causent la maladie ; celles des sels, encore plus difficilement ; celles des métaux résistent à tout, et particulièrement celle de l'or ; celle de l'antimoine est égale à la quintessence de l'or, et elle a des propriétés spéciales qu'en un certain sens. Paracelse relève au-dessus de l'or même, pour dépurer et conforter la quintessence qui est dans le corps de l'homme, et même en quelque sorte la multiplier. Car, comme on l'a dit, quand l'homme est malade, qu'il meurt et se putréfie, ce n'est pas que l'essence manque, ou qu'elle se putréfie ; mais c'est qu'elle est opprimée et pour ainsi dire étouffée par les humeurs corruptibles du corps impur : Or le mercure de vie, dont la base principale est le mercure ou quintessence de l'antimoine, a cette propriété qu'elle change les humeurs superflues et malignes, en bonne essence ; elle fortifie et celle que nous avons naturellement, et par là on peut prolonger la vie, et en jouir avec une santé parfaite (pourvu qu'on ne faire pas, comme on le fait, tout ce qu'on peut pour la détruire.)

Par l'expulsion donc des choses nuisibles, la quintessence humaine qui a le principe de la vie, reprend sa vigueur, comme si elle était à la fleur de l'âge ; elle digère bien et transmue en sa nature la nourriture aussi parfaitement qu'elle l'aurait fait à vingt ans.

L'on peut voir quelque chose de ce que Paracelse dit : c'est-à-dire que le corps mort ne laisse pas de contenir beaucoup de quintessence : on le voit dans les essences qu'on tire de tous les végétaux morts et secs, et particulièrement de leurs graines, qui l'année après germent et fructifient ; on le voit par la vertu de quelque étincelle insensible de cette quintessence céleste, en qui reste la vertu végétative et transmutative ; et on la peut voir aussi en quelques animaux qui ne se corrompent point après la mort, parce qu'ils abondent plus en quintessence.

On peut voir même que l'Alcyon[1], quoique morte, non seulement ne se corrompt pas, mais tous les ans elle renouvelle ses plumes, aussi belles et aussi colorées qu'elle aurait pu faire si elle était vivante ; laquelle incorruptibilité ne vient que de l'abondance de la quintessence incorruptible qui reste

---

[1] Cet exemple de l'Alcyon, qu'en France on appelle aussi Alcyon, est très véritable, et je l'ai expérimenté à Rome. [N. D. T. : Alcyon ancien du martin pêcheur]

ABRÉGÉ DE LA DOCTRINE DE PARACELSE

dans ce corps encore après la mort ; la végétation des plumes procède ainsi de la même cause. Et d'où vient que les champs sont devenus fertiles par le fumier ? si ce n'est que dans ces herbes sèches qui se pourrissent, comme aussi dans les cendres, dans les fumiers qui sont des herbes digérées, la quintessence y est encore, et y est vivante, qu'elle aide à germer les graines par sa vertu chaude et subtile ; et c'est la cause que dans les excréments de l'homme il y a de grandes vertus, parce qu'il a en foi de grands mélanges d'essences très nobles suivant la qualité de la nourriture et des boissons bien digérées. Mais il est à croire que le corps humain ou de l'animal qui digéré, s'approprie peu de l'essence de ces choses, beaucoup plus de leur corps corruptible : D'ailleurs la plupart des essences comestibles étant très subtiles, elles s'évaporent par les pores, et ne persévèrent point dans l'union de l'essence animale ; ce qui est cause que la corporéité venant à prévaloir, l'essence animale reste enfin accablée et comme étouffée, d'où s'ensuit enfin la mort.

Mais à mon avis il y a encore une autre raison qui rend la mort inévitable, c'est que l'essence des choses que nous mangeons et buvons, altèrent peu à peu l'essence naturelle, de manière qu'elle le détruit insensiblement et ne peut bien réparer les parcelles du corps et de l'esprit que nous perdons. Aussi ni la Pierre Philosophale, ni ce mercure de vie ne peuvent pas rendre l'homme immortel, mais seulement allonger un peu la vie, et la rendre saine ; et même cela s'entend, en usant discrètement de ces Médecines : car ces quintessences étant très fortes, elles détruiraient par les raisons susdites, l'essence humaine ; c'est pourquoi Cosmopolite exhorte d'user discrètement de cette Médecine ; car dit-il une grande flamme éteint la plus petite d'une bougie, cela est visible dans l'eau de vie et mieux encore dans l'esprit de vin qui est l'essence du vin. Ceux qui boivent trop de vin abrègent leurs jours, et ceux qui boivent de l'eau-de-vie sont bientôt blessés ; l'eau-de-vie approche plus de l'essence du vin : enfin l'esprit de vin, si on en buvait comme du vin, en peu de temps tuerait l'homme en détruisant les ferments essentiels.

Mais pour venir à la pratique de cet Arcane de l'Antimoine, voici comme Paracelse l'enseigne dans ce Livre avec son obscurité ordinaire.

Prenez le mercure essencifié, (l'essence du mercure) séparé de toute impureté, sublimez-le après avec l'antimoine, de manière que tous les deux se subliment ensemble, et qu'ils deviennent un seul être inséparable ; faites les résoudre sur le marbre, dissolvant et coagulant quatre fois ; cela fait vous aurez le mercure de vie dont nous avons parlé, avec toutes les vertus susdites, pour soulager et console votre vieillesse.

Dans la clef il s'explique un peu plus, mais non pas d'une manière qui suffise à ceux qui ne savent pas toute la manipulation. Paracelse avec raison

ABRÉGÉ DE LA DOCTRINE DE PARACELSE

faisait un si grand cas de ce mercure, que pour les maladies humaines il le préférait à la Pierre Philosophale. Basile Valentin a fait un Livre intitulé *le Char Triomphal de l'Antimoine*, mais on n'en a pris que l'écorce.

De l'Arcane du mercure de vie dans la clef chap. V

Pour ce qui est de l'Arcane du mercure de vie, nous entendons le feu vivant (la quintessence de l'argent-vif) c'est-à-dire que le mercure vulgaire soit réduit en quintessence par la quintessence du sel dont on a parlé ci-dessus, et qu'il soit vivifié avec la quintessence de l'antimoine qui lui communique une vie céleste. Paracelse ne dit pas ici tout ce qu'il faut faire, laissant quelque chose aux bons esprits.

L'on voit donc seulement que le mercure de vie est formé de la quintessence du mercure ou argent vif vulgaire, animé de la quintessence de l'antimoine (du régule) lesquels mêlés inséparablement ensemble par le moyen de la quintessence du sel, fixés ensuite, forment ce qu'on appelle mercure de vie ; et comme cette composition forme une Poudre rouge, je crois que c'est la même que Paracelse appelle ailleurs *mercure corallin* dont les vertus, dit-il, ne sont pas inférieures la Pierre Philosophale (pour le corps humain) et vous remarquerez que la Pierre qu'il forme pour la transmutation des métaux, est la même composition, avec l'addition de l'essence séminale de l'or qui lui donne la fixité parfaite, comme nous le verrons dans le traité de la Pierre.

Paracelse ajoute encore un autre éclaircissement sur le mercure de vie dans la même clef ; par ces paroles.

De même, dit-il que des herbes (comme par exemple de la vigne) on peut tirer de l'essence (l'esprit de vin) laquelle tire l'essence de toutes les autres herbes, de manière que le mercure du vin ne conserve pas tant ses propres qualités comme celles dont l'esprit de vin est imbu : de même il arrive dans les métaux et animaux ; car on peut tirer du vif-argent commun, qui est un métal ouvert, et qui donne plus, facilement et plus abondamment son essence on peut tirer, dis-je, du vif-argent un esprit ou mercure de telle puissance, que vous tirerez des métaux parfaits une essence avec laquelle ce mercure du mercure étant uni, il ne retiendra plus sa première nature : Or ce mercure ainsi essencifié et imprégné de la quintessence de l'or, si vous l'unifiez ensuite avec le baume de la quintessence céleste de l'antimoine, dont il prend une vie nouvelle et plus que céleste, il faut après que vous le fassiez cuire et digérer dans un réverbératoire bien bouché, et alors il s'appelle *mercure de vie*, dont les vertus nous paraissent merveilleuses ; c'est pourquoi je crois qu'il

ABRÉGÉ DE LA DOCTRINE DE PARACELSE

n'en faut pas parler d'avantage, afin qu'elles ne soient pas méprisées par les ignorants.

Notez que cette composition de l'essence du mercure du régule d'antimoine et de l'essence de l'or, non seulement est une Médecine pour les corps humains; mais si vous la fermentez avec de l'or pur, elle est Médecine pour les métaux imparfaits, qui par elles sont transmués en or parfait, de quoi je parlerai plus au long dans le Traité de la Pierre.

Quant à l'Arcane de la teinture, Paracelse dit dans sa clef qu'elle n'a pas besoin d'explication, d'autant que son seul nom l'explique suffisamment; il dit dans le cinquième Livre des Archidoxes, que sa teinture est une Médecine si excellente et si subtile, que de même que la teinture des Teinturiers teint intimement toutes sortes de draps dans la couleur qu'elle porte, de même aussi cette teinture convertit toutes sortes d'humeurs quelques malignes qu'elles soient, en santé, les pénétrant par sa subtilité dans toutes les parties, et transmuant le mal en bien, comme la flamme transmue le bois et autres matières combustibles en feu et flamme.

Il donne néanmoins une recette de sa teinture qui pourrait faire soupçonner qu'elle se peut faire et tirer, non seulement des métaux, mais de toutes sortes de choses, exaltant leur quintessence (qui est la base de tous les secrets de Paracelse) et le faisant monter à un souverain degré de subtilité et de perfection, voici sa recette.

« Prenez l'essence des membres de quelque corps, desquels vous séparez les éléments; après cela, mettez dessus le feu (l'esprit de l'essence) et digérez tant de temps, qu'il ne tombe plus rien au fond, et qu'il ne paraisse aucune matière substantiellement. Après prenez le verre bien lutté du lut d'Hermès (bouché hermétiquement) et le mettez dans un lieu froid et humide, jusqu'à ce qu'il se soit résolu de nouveau en matière visible.

Il me semble donc que la teinture se peut tirer de toutes choses; et que ce n'est qu'une quintessence réduite au plus grand degré de subtilité par une longue circulation, tellement que se réduisant facilement en vapeur, il faut la mettre en un lieu froid, afin qu'elle se rende fluide. Mais il ne faut pas croire, à mon avis que l'on puisse réduire les métaux, et particulièrement l'or, à cette subtilité de vapeur; il suffit que par l'Art on la subtilise au possible, laquelle subtilité se forme en la dissolvant et coagulant, et dissolvant plusieurs fois et la circulant ensuite.

Quant à la teinture des plantes, on la peut subtiliser plus facilement par la circulation; mais il ne faut pas croire que la teinture de toutes les plantes ait la même vertu que la teinture du mercure de vie ou de la Pierre Philosophale;

ABRÉGÉ DE LA DOCTRINE DE PARACELSE

il faut se souvenir de ce que Paracelse a enseigné, qu'une plante est propre à la guérison d'un mal ou d'un autre, ou qu'elle est propre pour quelque partie du corps, c'est-à-dire pour quelque viscère ou quelque membre, et non pour toutes les parties du corps ; et qu'il y a d'autres essences comme celles du mercure, de l'antimoine ou de l'or, qui possèdent plusieurs vertus, pour plusieurs maladies.

Mais de quelque chose que vous tiriez la teinture, il faut en user discrètement ; car c'est un feu subtile et pénétrant qui pourrait vous détruire entièrement au lieu de vous guérir, comme nous avons dit de l'esprit de vin, qui en petite quantité peut conforter, et en trop grande quantité peut détruire sans aucune ressource.

Livre septième des Archidoxes des Spécifiques

Paracelse confirme ici ce que je viens de dire des vertus Spécifiques des plantes et des autres corps ; mais il nous montre en même temps deux choses importantes, dignes de la grandeur de son esprit.

La première ; il l'a déjà insinuée en parlant de la quintessence ; c'est-à-dire que les essences ne tirent pas proprement leurs vertus de ce qu'elles sont chaudes ou froides, sèches ou humides en certains degrés, comme les Médecins Galénistes l'enseignent mais parce qu'elles ont tiré cette vertu de la nature ouvrière qui a su faire un certain mélange des éléments, qui est imperscrutable à l'homme : de manière que la rhubarbe ne purge pas la colère plutôt qu'une autre humeur, parce que la rhubarbe est chaude, mais parce qu'il y a dans son essence, (comme on l'a dit) un certain mélange imperscrutable de particules élémentaires qui attaquent plus facilement cette humeur qu'une autre : car le clou de girofle, par exemple, l'anacarde et autres drogues plus chaudes que la rhubarbe, ne purgent point la bile ni autre humeur. Il faut dire la même chose de plusieurs autres remèdes, dont les uns purgent, les autres confortent, les autres consolident ; à mon avis, il vaudrait mieux avouer franchement qu'on ne sait pas trop pourquoi certaines choses font certains effets, et dire, comme j'en ai vu quelques-uns, que la Seine purge parce qu'elle a la vertu purgative ; il vaut mieux, dis-je, dire cela, que d'apporter de mauvaises raisons : mais l'on passerait pour ignorant dans le peuple, et plus encore auprès des grands, si l'on se servait, de termes obscurs, et si le Médecin ne savait pas parler bon Latin et Grec.

La seconde observation que Paracelse nous fait faire, c'est que souvent du mélange, de deux choses qui n'ont pas séparément une telle vertu, il en résulte une vertu spécifiques, qui n'est ni l'une ni l'autre de ces deux choses ;

il en donne plusieurs exemples, dont je me contenterai d'en rapporter deux. L'huile des cerises, dit-il, est tirée par l'Art chimique ; et étant mêlée avec du vinaigre après une convenable digestion forme un spécifique fort laxatif quoique ni l'un ni l'autre, et moins encore le vinaigre, ne soit laxatif. Les couleurs ne viennent pas non plus, ni du froid, ni du chaud ; ainsi le vitriol et la noix de galle dissous et bouillis ensemble dans l'eau, font la couleur noire, quoi que ni l'un ni l'autre soit noir ; il y a aussi des spécifiques qui n'acquièrent de l'odeur qu'après une convenable digestion : la rose et les lys n'ont de l'odeur qu'après que le soleil, ou la chaleur de l'air a digéré leurs humeurs ; de même que les fruits sont aigres avant que leur sève ait été digérée par la chaleur séminale, aussi bien que par la chaleur de l'air qui les environne.

En un mot les Spécifiques ne tirent pas leurs propriétés de ce qu'un élément prédomine en chaleur ou en humidité, mais du mélange des éléments que la seule nature connaît, et qui seule a su les mélanger en certaines proportions par exemple, la carline tire à soi la vertu de toutes les autres herbes qui l'approchent, comme le soleil attire l'humeur de la terre et du bois ; ce qui est une propriété unique à cette plante, et qui ne lui vient pas d'être ou chaude ou humide ; y en ayant d'autres qui ont plus de chaleur ou d'humidité, qui ne font pas cet effet.

Il faut donc dire que les propriétés des choses leur viennent de la composition particulière de cet élément prédestiné que l'on appelle *quintessence* ou *mercure*, que la nature a composé d'une manière admirable et inconnue aux hommes.

De la même manière on peut faire par l'Art des compositions Spécifiques, en mêlant des essences, du mélange desquelles résultera une certaine propriété spéciale qu'aucune de ces choses n'avait pas en son particulier. On peut aussi multiplier cette vertu en mêlant des choses qui se ressemblent ; par où l'on exalte la vertu spéciale de chacune qui le fortifie par la vertu de l'autre. Nous allons donner des exemples de chacune, afin que l'Artiste industrieux puisse sur ce modèle en faire à sa mode ; nous commencerons par un Spécifique odoriférant.

ABRÉGÉ DE LA DOCTRINE DE PARACELSE

Du spécifique odoriférant

Prenez Des lys blancs, Anthos, Basilics (Carbons), Cardamomes, Roses, de chacun une poignée ; Espie, deux poignées.

Pilez le tout grossièrement en forme de pâte, ajoutez le jus des oranges deux quartes (comme on dirait deux demi septiers qui font deux quarts d'une pinte) digérez dans le pélican pendant un mois, après pressez tout le jus avec les mains, ou par la presse, et jetez le marc, mettez le jus dans le pélican et ajoutez :

Macis, Girofles, Cinnamome, Ambre, de chacun demi scrupule ; Musc, deux-dragmes ; Civette, une dragme.

Pilez ce qu'il faut piler impalpablement, et laissez digérer le tout ensemble avec le jus susdit pendant un temps, convenable, le vaisseau étant bien mastiqué ; ajoutez ensuite de la gomme Arabique dissoute en eau rose ou autre eau odoriférante demi once, et une once de gomme adragant, dissoute de la même manière, afin que le tout durcisse ; et quand vous, verrez que le tout est devenu comme du verre ou du talk transparent, rompez le verre : retirez le spécifique odorant, duquel il suffit d'en avoir dit ceci.

Quoique Paracelse ne dise pas qu'il faut filtrer lesdites liqueurs, il faut comprendre que cela est nécessaire pour avoir le tout bien pur ; il y a d'autres circonstances qu'il omet. Vous pourrez omettre le musc, ou autre chose qui vous déplaît, et en mettre d'autre en place, cela ne sera que pour exemple.

Du Spécifique Anodin

Paracelse montre que la composition suivante, n'agit pas dans tout l'homme, mais seulement sur le mal : ce n'est pas l'homme, qu'elle doit réparer, mais la maladie et la douleur, laquelle reposant laisse l'homme en repos.

La tradition porte que Paracelse faisais des miracles avec ce remède, duquel suivant toute apparence, il ne découvre pas ici entièrement la composition, mais seulement les matières dont il le servait, ce sont les suivantes.

Prenez : Opium de Thèbes, une once ; suc des oranges aigres, suc de citrons, six onces ; cinnamome, girofle, demi once.

Tout étant bien pilé et bien mêlé, mettez les dans un matras de verre bien bouché, digérer soleil ou au fumier pendant un mois, après exprimez tout ce qui peut venir de suc, et ajoutez :

ABRÉGÉ DE LA DOCTRINE DE PARACELSE

Musc, demi scrupule ; Ambre, quatre scrupules ; Crocus, demi once ; jus de coraux et Magistère de perles demi scrupule.

Mêlez et faites digérer un mois et ajoutez un scrupule et demi de quintessence d'or, digérez encore, et vous aurez un Spécifique anodin pour ôter toutes douleurs internes ou externes, de quelque membre que ce soit.

L'on voit que le secret consiste dans la quintessence d'or, le Magistère des perles et des Coraux ; le reste l'Artiste le fera bien.

Du Spécifique Diaphorétique

Tous les maux qui peuvent être guéris par la sueur, sont guéris par ce Spécifique : il faut donc prendre garde que ce remède est plus précis pour les maladies qu'on appelle *inter cutem,* entre chair et peau, ou qui sont dans la moelle des os, et semblables ; car, dit-il, les simples essences qui vont au cœur et au sang, n'ont pas la force de chasser au dehors le mal, mais cela est accordé aux Spécifiques sudorifiques.

Prenez donc gingembre une livre ; poivre long* ; poivre noir, une demi-once ; grains de Paradis, une once ; cardamomes, trois dragmes.

*Peut-être une once, car la liqueur qu'on, ajoute ne paraît pas suffisante pour dissoudre tant de matières.

Pilez subtilement, et mettez dans un vaisseau de verre avec demi once de bon camphre, et deux onces d'eau dissolvante (le mercure du sel) faites digérer jusqu'à ce que le tout soit consommé, séparez ensuite l'eau dissolvante, et faites digérer encore un mois, et ensuite circulez huit jours exprimez après, et vous aurez un très puissant diaphorétique.

Paracelse cache ici la manipulation dans la dissolution des choses pour avoir leur suc ; l'expérience peut-être manifesterait ce qui est caché, mais il faut avoir le mercure ou quintessence du sel.

Du Spécifique purgeant

Paracelse montre qu'il faut que le Médecin ait beaucoup de jugement pour ordonner les choses qui purgent l'humeur qui cause la maladie, et non de purger indifféremment avec toutes sortes de remèdes ; car ce n'est pas assez que le malade ait rendu beaucoup de matière, avec lesquelles vient le bon et le mauvais.

Il choisit deux ou trois choses qu'il dit être des Spécifiques propres la plu-

ABRÉGÉ DE LA DOCTRINE DE PARACELSE

part pour des humeurs malignes; du mélange desquels il compose son purgatif.

Prenez, Magistère de tartre, Magistère de vitriol. Mêlez ensemble et ajoutez quintessence de Crocus, digérez au pélican ou sable pendant un mois: les intelligents dit-il, entendent le reste.

Avec ce remède, ajoute-t-il l'on purge non seulement les hommes et les animaux, mais aussi les arbres de leurs superfluités; car les végétaux ont leurs humeurs peccantes, comme, les animaux. L'Antos qui a peine à végéter est guéri par le Magistère de vitriol; les autres plantes ont leurs remèdes Spécifiques.

Du Spécifique attractif

Paracelse montre que le Spécifique attractif dont il parle, sert à tirer l'humeur maligne du corps, en l'appliquant sur quelque émonctoire et sur la plaie, qui est la même chose que l'émonctoire, par où la nature décharge ou évapore la mauvaise humeur qui accable le corps. Il dit au surplus qu'il y a plusieurs espèces de compositions attractives, lesquelles sont bonnes pour attirer une seule chose: il assure qu'on en peut faire quelques-unes qui attirent la chair, d'autres l'eau; quelques-unes qui appliquées à la bouche, tireraient dehors les poumons ou la rate: car ajoute-t-il, la vertu attractive n'est pas seulement entre le fer et l'aimant, mais en d'autres choses, dont Paracelse dit qu'il se garde le secret comme choses admirables. Voici l'attractif en question.

Prenez, la quintessence de toutes les gommes un demi-septier; le Magistère de l'aimant demi quarte; l'élément (la quintessence ignée du Carabé) une livre; l'élément du feu du Mastic; l'élément du feu de la Myrrhe, une quarte et demie; l'élément de la Scammonée dix onces. Faites un emplâtre de ces choses mêlées avec Gomme adragant et térébenthine autant qu'il en faut, et servez-vous-en. La difficulté consiste à avoir la quintessence de ces choses.

Du spécifique Styptique

Il dit des merveilles de ce Styptique, qu'on peut par ce moyen joindre deux plaques de fer ou de cuivre, de manière qu'il n'y a que le feu de fonte qui puisse les séparer; et que des pierres amoncelées ensemble ou bien un monceau de fable, deviennent d'une telle ténacité, qu'elles forment un corps dure et inséparable comme si c'était une seule pierre et que par la seule ablution de ce Styptique, les deux lèvres de la bouche se tenaient si fort, qu'il fallut ensuite employer des instruments de fer et profusion de sang pour l'ouvrir dans les blessures ou fractures même de la vessie, il fait des choses étonnantes, car il n'y a point d'eau qui puisse en ôter la vertu, quoiqu'on lave beaucoup l'endroit.

Prenez, la quintessence du Bol, La quintessence du fer, la quintessence du Carabé (*alias Cathebes*), de chacun une livre. Digérez dans le vaisseau de verre aux cendres chaudes pendant un mois.

Retirez-le et ajoutez du tartre desséché demi-livre, et donnez-le en Médecine suivant les besoins, car il opère d'une manière surprenante.

Du Spécifique Corrosif

Prenez, eau-forte rectifiée sur sa terre morte, une livre ; Mercure sublimé demi septier ; Sel Armoniac une once.

Mêlez le tout et laissez dissoudre, auxquelles choses ajoutez l'eau mercurielle en poids égal au tout ; il n'y a point de Diamant, dit Paracelse, qui résiste à se corrosif

Je ne crois pas que personne ose le servir de ce Corrosif comme remède sur sa propre chair, ni d'aucun autre, et encore moins du lénitif qu'il donne ; le voici.

Prenez, suc de frammule, une livre ; cantharides 4[8] ; du feu de gemme décrit ci-devant deux dragmes.

Mêlez et faites comme dessus, le Chimiste habile connaîtra à quoi tout cela est bon et le moyen de s'en servir.

Du Spécifique pour la Matière

Il en met deux, l'un pour la suffocation, lequel mal dit-il, ne le peut guérir que par un Spécifique, qu'il dit être la fumée des *ficus cutis*, c'est-à-dire la première écorce du figuier, ou la peau des figues (car le mot *ficus cutis* peut être équivoque) reçue dans la matrice par un entonnoir sans autre préparation ; l'autre est propre à provoquer les menstrues c'est la rate d'un bœuf réduite en quintessence ou Magistère.

Mais pour arrêter la profusion des menstrues il se sert de la quintessence du corail ou de l'huile de fer, ou le fer potable, qui est plus astringent qu'aucune chose.

ABRÉGÉ DE LA DOCTRINE DE PARACELSE

Il dit qu'il serait trop long s'il voulait parler dans ces Archidoxes de tous les Spécifiques; mais que ceux-là suffisent, puisqu'ils sont aussi incarnatifs, etc., car pour peu qu'on connaisse la vertu des choses, on connaîtra à quoi ils sont bons.

Livre huitième, de l'Élixir de Paracelse

Les Élixirs que Paracelse nous donne dans ce Livre, ne sont qu'un mélange de plusieurs d'essences efficaces, et très propres conserver la santé, préservant les humeurs de toute corruption: car, dit-il, de même que le baume peut conserver le corps plusieurs siècles sans qu'il se corrompe, si on le frotte extérieurement avec du baume ou choses balsamiques, comme faisaient les Égyptiens, dont on trouve encore les momies: de même ces Élixirs préservent les humeurs, et les parties internes de toute corruption, puisqu'ils confortent la nature, de manière qu'elle peut faire parfaitement bien les digestions; et se mêlant avec le sang, ils l'animent pour ainsi dire, d'une nouvelle âme végétale qui répare celle qui se dissipe.

Et vous verrez que ces Élixirs sont composés non seulement des choses qui ont des propriétés Spécifiques contre la corruption, comme par exemple le sel commun; mais aussi les choses qui sont en elles-mêmes-comme incorruptibles, telle qu'est la quintessence de l'or, du mercure, de l'antimoine, et autres choses semblables qui en sont la base: les autres qui en quelque manière paraissent corruptibles, on n'en prend que leur essence qui est beaucoup moins sujette à corruption, et qui étant mêlée avec des choses tout à fait incorruptibles, prennent encore quelque chose de leur propriété.

La nature, ajoute-t-il, ne nous donne pas des choses simples qui puissent faire ces effets; mais elle nous donne des choses qui peuvent préserver les corps morts de la putréfaction: il sera encore facile à l'Art de se servir de la même nature et du plus pur de ces mêmes choses pour préserver les corps vivants de la corruption, l'on peut dire que ces Élixirs sont des mystères de l'Art et des merveilles de l'esprit humain.

Paracelse dit donc qu'il veut décrire des préservatifs qui ne préservent pas seulement la superficie extérieure du corps, mais qui étant pris par la bouche par leur subtilité, se répandent facilement par toutes les moindres parties de chaque membre, et par leur propriété incorruptible le conservent de toute corruption.

Il est remarquer aussi que la pourriture stercorale que nous avons dans les entrailles, contient en soi une quintessence que les Médecins appellent

ABRÉGÉ DE LA DOCTRINE DE PARACELSE

ferment ou *levain*, qui corrompt et change en sa nature tout ce qu'on avale; et c'est la cause que quand cette corruption est exaltée à un certain point de malignité, elle corrompt et change en une espèce de venin semblable à sa nature maligne, non seulement les choses dont on se nourrit, mais les remèdes mêmes: et ce qui est pis, elle corrompt quelques fois les remèdes composés d'essences végétales, parce que l'essence supérieure de la corruption dominant sur l'inférieure, la change en sa nature venimeuse; de manière que les aliments et les remèdes se tournent en poison d'autant plus dangereux, que c'est une corruption des choses bonnes et subtiles; car suivant l'aphorisme de la Médecines, *corruptio optima pessima est*.

C'est pourquoi certaines maladies paraissent incurables aux Médecins vulgaires, parce qu'ils n'ont pas des Médecines supérieures.

Mais les nôtres étant incorruptibles, et provenant ou du mercure, ou de l'or, ou de tous les deux, elles ne peuvent pas être altérées, et étant très subtiles, elles, pénètrent par tout et altèrent, au lieu que les autres sont facilement altérées traînant avec elles un corps combustible, ce qui n'est pas de nos essences, et particulièrement des métalliques; l'on appelle ces remèdes *closeir*, c'est-à-dire *ferment*, comme qui dirait purs et salutaires; et leur vertu de conserver le corps dans l'état qu'ils le trouvent; ils préservent aussi des maladies à cause de leur subtilité et pénétration; comme aussi par les propriétés qu'ils ont, car préservant le corps des maux à venir, il le conserve en santé, et par ce moyen ils prolongent la vie ou du moins ils la font passer sans ces douleurs qui accablent les autres hommes.

Nous passerons donc à la description du premier Élixir lequel de même que le baume conserve les chairs d'un corps mort, quoique que toutes les chairs n'en soient pas imbues; de même celui-ci en passant par le cœur, qui est le siège principal des esprits animaux qui animent le reste du corps; il conforte sa vertu animale qui se répandant partout ensuite, conserve et préserve les autres membres de toute corruption.

Prenez donc du baume le plus parfait que nous seuls connaissons bien (la quintessence du régule d'antimoine martial) du mercure demi once, faites digérer à petit feu, de manière que la vapeur monte jour et nuit, et que vers la fin quelques gouttes paraissent et retombent pendant deux mois: (il faut distiller après la digestion) faites encore digérer le tout quatre mois au fumier (ou bain) après quoi l'Élixir est accompli. Il faut entendre que cet Élixir est comme un ferment qui se cuit et se mêle avec le principe radical de la vie, et il a le pouvoir de la soutenir en bon état, et de résister à tout ce qui lui est contraire: car de même que l'arsenic change tous les aliments en poison, cet Élixir contribue ç changer tout en bien; et défend le corps du mal, et même

ABRÉGÉ DE LA DOCTRINE DE PARACELSE

après la mort empêche que le cadavre ne pue, et le défend de la corruptions pourvu qu'il soit à couvert de l'air humide ; et il exerce encore mieux ces facultés sur un corps vivant, que le baume ne le fait sur un mort.

Cet Élixir est à peu près la même chose que la Pierre Philosophale ; du moins ce sont les mêmes matières, comme on le verra ci-après en parlant de la Pierre.

De l'Élixir du sel

Après cet Élixir, Paracelse écrit celui de la quintessence du sel. Voila la pratique qu'il donne : Prenez du sel et tirez-en l'essence en forme d'huile, de la manière qu'on l'a enseigné ci-devant ; ajoutez à la quantité que vous prendrez de l'essence ou Magistère du sel, la huitième partie de quintessence d'or, faites digérer ensemble au fumier (au bain) pendant quatre mois : après l'avoir distillé, circulez encore un mois en y ajoutant une partie de vin circulé (peut-être du grand circulé de mercure ou d'antimoine) et faites circuler encore un mois, et vous aurez un Élixir pour la conservation et prolongement de vos jours.

De l'Élixir de douceur

Tous les sels sont préservatifs de corruption : le sucre, le miel, et semblables préservent de la corruption les choses qu'on confit avec ces mixtes. Paracelse nous donne un Élixir agréable et doux, auquel il ajoute la quintessence de l'or.

Et notez que comme il a montré ailleurs, que les essences des choses dépouillées du corps impur, non seulement conservent leur couleur, odeur, et saveur, mais elles l'augmentent de beaucoup, comme on le peut voir facilement par les expériences communes ; il faut que la quintessence que vous tirerez du sucre, du miel, de la manne, et de ce qu'il appelle *trône*, augmente sa douceur et rende son odeur plus suave.

Prenez donc du *Trône* (la quintessence de quelque chose douce) à laquelle vous ajouterez la quatrième partie de quintessence d'or, et faites circuler deux ou trois mois au soleil ou autre chaleur douce.

De l'Élixir les quintessences

Après nous avoir donné des Élixirs des quintessences métalliques et salines, Paracelse nous donne des Élixirs de plusieurs quintessences mêlées ensemble ; lesquelles, dit-il, non seulement conservent et préservent, mais encore contribuent à renouveler et à rétablir la jeunesse perdue : ce qu'elles opèrent, mon avis, parce que ces Élixirs sont composés de végétaux que l'on digère, et que la nature intérieure se les approprie plus facilement que les substances métalliques qui ne sont pas de la nature animale ; et voici les essences qu'il juge les plus propres pour les trois effets susdits.

Prenez, quintessence de chélidoine ; quintessence de mélisse, deux onces ; quintessence d'or, quintessence de mercure, demi once ; quintessence de crocus, quintessence de mirobolants, une once.

Digérez le tout ensemble pendant un mois, ensuite vous ajouterez de la quintessence ou Magistère de vin une once et demie, et digérez encore un autre mois, et après conservez-le comme un trésor ; car non seulement il est préservatif, mais aussi restauratif.

De l'Élixir de subtilité

Paracelse ajoute un autre Élixir conservatif, tel, dit-il, qu'est l'huile des Philosophes corrigée, l'huile de coraux corrigée, c'est-à-dire perfectionnée et exaltée, l'esprit de vin corrigé ; lesquelles choses empêchent la putréfaction, et elles-mêmes en circulant au feu ne changent pas et ne s'altèrent point ; l'eau de miel fait un effet semblable.

Prenez, huile d'olive, du miel, esprit de vin, une livre ; distillez trois fois selon l'Art, redistillant sur la terre morte, ensuite séparez tout le flegme des huiles qui se distinguent par plusieurs couleurs : mettez ces huiles au pélican, et ajoutez la troisième partie de quintessence de mélisse et chélidoine, et digérez encore un mois.

Élixir de propriété

Le sixième Élixir est celui qu'il appelle de propriété parce que sa propriété est aussi de conserver et de prolonger la vie plus que le cours de nature, et plus qu'on ne saurait dire : car des drogues qu'il va décrire, il en résulte un baume qu'on peut appeler *baume de la vie*, qui préserve le corps de toute corruption ; voici le procédé qui consiste en peu de matière,

Prenez, myrrhe, aloès hépatique, crocus. Prenez de chacun une quarte que vous ferez digérer au pélican dans le sable pendant un mois à très petit feu, enfin séparez l'huile de ses fèces ; et prenant garde qu'elle ne brûle, faites digérer ensuite cette huile avec le circulé (c'est le circulé mineur) en poids

ABRÉGÉ DE LA DOCTRINE DE PARACELSE

égal et ensuite conservez-le soigneusement. Si ces drogues sèches étaient en digestion toutes seules, comme il dit, elles ne donneraient pas l'huile qu'il dit qu'il faut circuler: il est donc certain que l'égal poids de circulé, qui est l'essence du sel, qu'il dit qu'il faut ajouter quand ces huiles seront faites ; il est certain, dis-je, qu'il faut mettre les trois drogues susdites avec égal poids de sel circulé, lequel étant une essence très parfaite, suivant la règle des Magistères l'essence de ces choses en forme d'huile, qui est le mercure essentiel de ces choses. Ce mercure se doit circuler ensuite, afin que s'il y a encore quelque impureté, elle tombe au fond.

Peut-être que si l'on y ajoutait un peu de quintessence de mercure qui est le circulé majeur, ce serait mieux, d'autant que l'essence du sel prendrait tout d'un coup les essences du Crocus, de l'Aloès et de la Myrrhe ; mais la première manière est plus facile et plus courte, suivant la règle des Magistères, qu'une essence tire d'une autre essence, particulièrement celle du sel circulé, qui est très efficace et de la nature de toutes choses étant une nature moyenne entre le végétal, l'animal, et le minéral ; d'ailleurs étant un principe universel qui entre dans la composition essentielle de tous les êtres, qui ne peuvent pas subsister sans la nature saline.

Livre huitième des Archidoxes des Remèdes extérieurs

Après avoir parlé des remèdes internes, Paracelse donne aussi des remèdes externes, soit pour les blessures, soit pour les ulcères, et semblables. Il a traité des maux externes diversement dans ses Livres de Chirurgie, il ajoute qu'il n'a pas donné dans ces Livres les remèdes les plus importants et plus efficaces, comme sont ceux-ci ; car il prétend que par ces remèdes, on peut guérir une blessure en vingt-quatre heures.

Il dit que comme la disjonction des choses fait la blessure, de même l'union parfaite des deux lèvres de la blessure fait la guérison ; mais on ne doit pas entendre que ce remède fait de même pour la fracture des os, lesquelles ne peuvent pas se reprendre si facilement, à cause qu'ils sont plus secs que les chairs.

Il faut savoir aussi qu'il ne faut pas que le remède soit ni incarnatifs ni mondificatif, ni attractif ; car il en arriverait des flux purulents, à cause qu'ils produisent beaucoup de pus : mais il faut que le creux de la blessure soit de bonne chair, ce qui ne se peut faire que tard, sans un bon Magistères car de faire autrement, c'est fort périlleux. Il faut entendre la même chose des vieux ulcères qui ont besoin de semblables remèdes, à cause que la nature a pris un certain cours d'humeurs qui fluent de ce côté-là ; il faut donc dans ces ulcères la régénération d'une bonne chair. Il en est de même des fistules.

ABRÉGÉ DE LA DOCTRINE DE PARACELSE

Nous mettrons donc trois sortes de remèdes; l'un pour l'ouverture de la peau, l'autre incarnatif, et le troisième dessicatif.

Il faut parler aussi de la difformité de la peau qui provient des dartres, galles, boutons, lèpres, et semblables, lesquelles nous enjoignons de guérir comme il s'enfuit. Je veux qu'on ôte la peau de même qu'on ferait à un veau qu'on écorche. Il faut entendre que le remède fait tomber la vieille peau, et par les remèdes il faut en faire revenir une nouvelle, ce qui se fait, comme on l'a dit par le médicament. Nous ne mettrons pas ici la manière, parce que nous en avons traité ailleurs ci-devant; en parlant des remèdes, qui renouvellent, et dans les Livres de Chirurgie: il y a aussi le Cancer, le Bubon et semblables, qui ont leurs remèdes particuliers, c'est-à-dire des Spécifiques qui nettoient l'intérieur, qui expulsent ou qui attirent au dehors, et après des remèdes consolidatifs.

Pour la fracture des os, il faut la guérir avec un attractif styptique, de quoi nous avons parlé ailleurs, les excroissances superflues, comme les loupes, écrouelles, glandes, etc., lesquelles il faut auparavant évacuer de leur humeur maligne, et après les guérir.

Nous diviserons donc cette Chirurgie en trois parties; l'une pour les Blessures, l'autre pour les Ulcères, et la troisième pour les Taches; quant au Cancer nous le guérirons avec un attractif spécifique.

Remèdes pour les Blessures

Prenez le *Salmec* (l'Antimoine) bien brûlé et calciné au feu jusqu'à sa blancheur, versez dessus le petit circulé, (l'essence de sel circulé) distillez ensuite jusqu'à ce que la terre morte reste au fond très sèche, et que la retorte devienne rouge par le grand feu. Remettez dessus du circulé nouveau, et répétez tant de fois, jusqu'à ce que le circulé sorte aussi doux qu'il l'est naturellement; enfin laissez résoudre ladite terre morte d'elle-même en lieu froid et humide; la liqueur qui en provient est le remède pour les blessures et le vrai baume. Nous ne voulons pas vanter ici les vertus de ce baume, mais nous dirons seulement qu'avec la seule ablution de ce baume, nous avons guéri quantité de blessures.

Il faut voir dans les Livres de la grande Chirurgie la manière de se servir de ce remède, où l'on verra aussi que ce remède qu'il appelle *Salmec* est le régule d'antimoine martial ou l'antimoine simple.

ABRÉGÉ DE LA DOCTRINE DE PARACELSE

Remèdes pour les Ulcères

Le baume susdit est fait avec de la rouille, et se fait de la même manière que vous avez fait le baume du *Salmec*, de chacun une livre, les deux mêlez bien ensemble, ajoutez demi livre d'huile de fer; tout étant bien mêlé, mettez-en en forme d'emplâtre sur l'ulcère, en le lavant tous les jours comme il convient. Notez qu'il faut se servir aux occasions de ligaments et de compresses, comme nous l'avons enseigné ailleurs, aux Livres de Chirurgie.

Remède contre les taches de la peau

Il faut auparavant employer le corrosif spécifique, dont on a parlé ci-devant, pour faire peler toute la peau: il faut bien prendre garde de ne le pas composer vulgairement, ni de la manière vulgaire que Paracelse a écrit pour les ignorants, et avec la peau ôter la tache: voici la manière de la guérir.

Prenez, le même baume que vous avez fait pour les ulcères ci-dessus auquel vous ajouterez: térébenthine bien lavée, huile de lumbrits et huile d'œuf parties égales.

Lavez la chair vive, et appliquez ledit remède en forme d'emplâtre, dont la vertu est de faire revenir la chair belle et colorée sans craindre que le mal revienne.

Paracelse finit son Livre, disant qu'il ne faut pas s'étonner si en si peu de mots il a renfermé toute la Chirurgie: il dit qu'il ne suit pas l'école commune, et n'est pas nécessaire de faire de gros Livres pour rendre des raisons et pour expliquer l'origine des maladies mais il est question de les guérir en peu de temps, sans tant d'emplâtres divers, ligatures, incisions, etc., qu'il dit, ce qu'il sait par une infinité d'expériences, et il exhorte les gens de bien à l'imiter.

Remarques en forme de Récapitulation

Voici en peu de mots l'abrégé de la doctrine de Paracelse, laquelle quoi qu'elle paraisse fort obscure, est suffisamment claire pour ceux qui ont la connaissance de la Philosophie naturelle, accompagnée des expériences Chimiques: car la Théorie sans la pratique est peu de chose; comme aussi la pratique sans la connaissance des raisons de ce que l'on fait et de ce qu'on veut, faire, est de peu de valeur.

Paracelse enseigne assez clairement dans tous ses Livres ce que j'ai montré dans l'introduction ou explication des principes chimiques: que tous les

ABRÉGÉ DE LA DOCTRINE DE PARACELSE

mixtes sont composés d'âme et de corps; l'âme est ce qu'il appelle *élément prédestiné* et *quintessence*: et que les autres Philosophes ont enveloppé malicieusement sous le nom de *mercure*. Comme tous les corps ont cette essence qui les distinguent les uns des autres, tous les corps ont leur mercure qui est leur humide radical, de manière qu'il y a mercure végétal, animal, et minéral, et dans ces trois règnes il y a autant de mercures différents qu'il y a d'individus.

Il faut donc comprendre que ce mercure ou quintessence est répandu dans tout le corps de l'individu; et que ce corps n'est formé que d'une terre grossière et d'une eau grossière et flegmatique qui n'ont nulle vertu mais toute la force consiste dans l'élément prédestiné qu'on nomme *mercure* et *quintessence*, laquelle étant répandue dans tout ce corps grossier, communique à toutes les parties quelque peu de sa vertu, de même que le sel ou le poivre rendent salé ou poivré toute la chair. Considérez aussi que ce corps sans vertu empêche que l'essence ne puisse montrer tout ce qu'elle pourrait faire; c'est pourquoi Paracelse enseigne à la séparer de ce corps impur et inutile pour se servir plus utilement de ses remèdes, tant pour la santé, que pour la chimie. Ils sont donc sans doute plus vils et plus efficaces, d'autant qu'en peu de volumes, ils rassemblent beaucoup de vertus, et que ces mercures philosophiques étant fort subtils, ils pénètrent toutes les parties du corps; et confortant le cœur en qui résident les principes de la vie, ils lui communiquent pour ainsi dire, une âme nouvelle.

Ajoutez que comme on l'a montré, chaque végétal, animal, ou minéral ayant les vertus spécifiques, le Médecin habile, peut appliquer à chaque mal son remède particulier.

Et comme ces essences sont quasi incorruptibles et très subtiles; non seulement le malade n'a pas besoin par la digestion de faire la séparation du pur de l'impur; mais il ne doit pas craindre que ces Médecines, et particulièrement les métalliques, ne le corrompent dans l'estomac par les ferments impurs et malins qui causent la maladie et qui transmuent par leur nature maligne tout ce que l'on prend par la bouche.

Ajoutez que ces essences étant extrêmement subtiles, elles pénètrent par toutes les parties les plus réservées et les plus bouchées par les humeurs grossières et malignes, débouchent les obstructions, subtilisent et cuisent les humeurs, et par ce, moyen transmuent ce qui est nuisible et mauvais, en bon et en santé.

Quant à la Médecine des métaux, à laquelle la plupart des Chimistes aspirent, et qui n'ayant point de fondement philosophique, la cherchent où leur imagination; fantastique les conduit, malgré les avertissements de tous les Philosophes qui ont parlé de cet Art, qui disent qu'il est impossible de trouver

ABRÉGÉ DE LA DOCTRINE DE PARACELSE

la matière de la Pierre en aucune autre chose que dans les métaux mêmes, dans lesquels seuls est la semence métallique. Paracelse nous montre la manière d'ouvrir ce corps si serré, et particulièrement l'or, afin d'en avoir son essence séminale, laquelle essence est la vraie semence végétative, qui peut croître et multiplier comme les autres choses, semées dans une terre métallique convenable.

Mais par ce que nous devons parler de ceci plus au long dans le Livre suivant, où nous avons promis de traiter du grand Œuvre, que Paracelse appelle le *grand composé*, je remets à parler de ce grand ouvrage qui renferme les deux choses les plus précieuses, c'est-à-dire la santé et les richesses, sans dépendre de personne. Car la semence de l'or employée de la manière qu'il faut, non seulement a la vertu de se multiplier dans la matrice de sa mère qui est le vif-argent, soit le commun, soit celui des métaux; mais aussi cette semence étant une espèce de lumière céleste concentrée dans ce corps qu'on appelle *or*; elle a la vertu de conforter et d'animer le cœur d'une vie nouvelle, comme nous l'avons vit dans les remèdes plus importants, dans lesquels Paracelse l'emploie toujours, et comme nous le montrerons dans le Livre suivant,

Du grand Œuvre selon les Anciens, et
suivant Paracelse parmi les Modernes

Il est impossible de bien réussir en aucun Art, particulièrement quand on veut atteindre la perfection, sans en savoir d'abord les règles fondamentales, et agir ensuite par raison en tout ce qu'on veut entreprendre; si cela est vrai dans les Arts les plus communs, cela est encore vrai dans la Chimie, qui est un Art si étendu, qu'il comprend l'Anatomie de tous les mixtes de ce bas monde, desquels on peut connaître l'intérieur par la résolution et séparation des principes qui les composent. Cela est encore plus vrai pour le Chimiste qui vise au grand Œuvre, et qui veut par sa propre spéculation trouver ce grand secret, que tous ceux qui en ont écrit, ont plutôt taché de cacher que de découvrir; il se trouvera comme un homme qui serait au milieu d'un carrefour, lequel ne sachant pas quel est le vrai chemin pour aller au lieu qu'il prétend, se dévoiera facilement, particulièrement dans la pratique de ce grand Art, où la moindre faute perd tout et vous mène dans un labyrinthe d'où l'on ne peut pas sortir.

Encore celui qui est dans un labyrinthe pourrait-il par bonheur trouver le vrai chemin; mais cela ne peut pas arriver à celui qui travaille à la recherche du grand Œuvre: car non seulement il se trouve au milieu d'une infinité de matières dont l'une étant choisie plutôt que celle qui est la seule bonne, cela l'éloigne pour toujours de la fin désirée, Quand même il choisirait les véri-

ABRÉGÉ DE LA DOCTRINE DE PARACELSE

tables matières (comme j'ai fait pendant longues années) il pourrait encore se tromper dans les manipulations de ces matières, ce qui sera cause qu'il ne réussira point ; ainsi que je l'ai vu par expérience.

Il faut donc apprendre en premier lieu à bien choisir ; car les vraies matières étant manquées, c'est comme un homme qui voudrait faire du pain avec du sable finement broyé, avec lequel il ne ferait tout au plus qu'une espèce de mortier ; et c'est par cette raison que ceux qui ont écrit en vrai Philosophes, ont commencé par nous instruire de la nature métallique, nous montrant que si vous voulez produire de l'or, il faut du moins connaître quels sont les principes prochains dont il est composé, et la différence qu'il y a entre lui et les autres métaux, qui sont aussi formés par la nature des mêmes principes, quoiqu'ils soient en quelque manière différents ; comme les Maures sont de la même espèce que les homme blancs, car la couleur et quelques autres accidents ne changent pas l'espèce, et ne font que la diversifier. Car ainsi que parmi les hommes, il y en a qui ont plus d'esprit ou de savoir, ce qui fait qu'on les estime plus parfaits ; de même parmi les métaux, quoique d'une même espèce, c'est-à-dire quoi qu'ils soient composés des mêmes principes, il y en a quelques-uns qui, eu égard à certaines perfections, sont estimez plus ou moins parfaits. Rien n'est si différent que le mâle et la femelle, cependant l'homme et la femme, l'étalon et la jument, ne sont pas d'espèce différence ; et ceci peut servir de réponse à un certain Auteur plus hardi que savant, qui a écrit contre la transmutation des métaux, prétendant qu'ils sont tous d'espèces différentes, et par conséquent que la transmutation d'une espèce en une autre étant impossible, les Chimistes ne sont que des Visionnaires, des Charlatans, promettant l'impossible.

Je crois donc à propos d'imiter nos Maîtres, et de commencer par vous instruire de quelle nature et composition sont les six métaux.

Mais comme tous viennent d'une même racine, c'est-à-dire du vif-argent mêlé avec la vapeur du soufre subtil, et que les deux ensemble forment une espèce de cinabre malléable je juge qu'il est nécessaire de parler auparavant de ces deux principes prochains des métaux, vous avertissant qu'en parlant du soufre j'entends le même soufre que celui des allumettes, et non le soufre philosophique, dont j'ai parlé dans le chapitre des principes, et lequel soufre philosophique est dans le centre du soufre vulgaire ; son essence étant invisible, et ne se découvrant que par les effets de son inflammabilité, faisant brûler le corps du soufre vulgaire qui le contient et dont il est l'essence, et qu'on peut séparer en forme de mercure ou huile odoriférante, fort différente de celle que les Distillateurs appellent *huile de soufre*.

De même en parlant du vif-argent, j'entends parler du vif-argent commun

ABRÉGÉ DE LA DOCTRINE DE PARACELSE

qui se vend, chez les Droguistes; lequel argent-vif a aussi en soi son mercure, c'est-à-dire une essence admirable que l'on peut aussi séparer de son corps impur, comme nous l'avons dit dans le livre précédent.

Du Soufre métallique

Quant au soufre que nous voyons, Geber, qu'avec raison Arnault de Villeneuve appellent *le Maître des Maîtres* et sur les préceptes et les paroles duquel la plupart des bons Philosophes Chimistes ont composé leurs ouvrages, Geber, dis-je, définit le soufre, une graisse de la terre qui par une décoction lente et douce a été épaissie et réduite en une substance sèche, et quand elle est devenue bien sèche elle s'appelle *soufre*.

Il faut donc considérer que la chaleur qu'on appelle *centrale*, quoi qu'elle vienne de la mature subtile éthérée qui de toutes les parties de la circonférence agit jusque dans le centre de la' terre, lorsque cette chaleur agit dans certains lieux humides et propres à cet effet, cette humidité se mêlant avec les parties plus subtiles de la terre, et par la susdite chaleur bouillonnant ensemble, cette humidité, dis-je, s'épaissit par les parties terrestres et salines qui se joignent à elle, et cette humidité ainsi épaissie retenant beaucoup des parties de l'air et de ce feu céleste, la cuisant, et l'épaississant, en forment le soufre commun. Or il est visible que le soufre contient beaucoup de parties de feu, puisqu'il s'enflamme facilement; il est visible aussi par La résolution, qu'il contient beaucoup d'humidité, car si l'on ramasse sa vapeur lorsqu'il s'enflamme, il en résulte une grande quantité de cette humidité qu'on appel *le esprit de soufre*, qui ne s'enflamme plus parce que le feu s'est exalté.

Il est visible aussi que cette humidité contient beaucoup de sel très piquant et très incisif, car le goût, l'odeur, et les autres effets le font assez connaître. Mais cette humidité salée s'envole, lorsqu'il s'enflamme sans être retenue, et toute la substance du soufre se dissipe dans l'air, quoiqu'on sente bien de loin son odeur forte et piquante; et notez bien quoique le soufre paraisse jaune au dehors, il est très rouge au dedans comme étant plein de feu, chose qui paraît par sa dissolution, et par la simple fusion; cela paraît aussi quand on le calcine ou bien en le mêlant avec quelque graisse ou huile qui le retient.

Mais il faut remarquer qu'ainsi que tous les autres corps sensibles, ce corps qu'on appelle *soufre* a une certaine onctuosité ou graisse très subtile qui est proprement l'âme et l'essence de ce corps, laquelle est néanmoins si bien mêlée avec les parties de la terre et de l'eau flegmatique qu'il n'est pas facile de séparer les unes des autres; car si vous les sublimez, tout se sublime; et si vous l'enflammez, tout s'enflamme et tout s'évapore: de manière que

ABRÉGÉ DE LA DOCTRINE DE PARACELSE

l'essence du soufre ne se peut séparer sans une extrême industrie de l'Artiste. D'ailleurs pour les choses métallique, je ne crois pas qu'elle soit de beaucoup d'utilité ; car le soufre n'est pas bon lui-même tout seul pour la transmutation des métaux, à moins qu'on ne le rende fixe ; car tant qu'il est inflammable et volatil, il ne peut que brûler et volatiliser les corps des métaux sur lesquels on le projetterait et cette fixation jointe à la dépuration, est un ouvrage de longue haleine et très difficile : c'est pourquoi les Philosophes nous conseillent de chercher et de prendre le soufre fixe et tout épuré par la nature, et qui se trouve dans les corps où la nature l'a mis : et ces corps sont l'or et l'argent, l'or ayant en foi le soufre rouge extrêmement subtil, pur, et fixe, et l'argent ayant le soufre blanc fixe et pur que l'on peut appeler *Arsenic* ; et quoi qu'il bit difficile à qui ne sait pas la manière de corrompre ces métaux, cependant il est certain qu'il est plus facile de trouver ce qui est fait que ce qui est à faire.

L'arsenic est la même chose que le soufre, hors qu'il y a en lui plus de terre blanche, qu'il n'est pas si cuit que le soufre, et qu'il contient quelque peu d'argent-vif ; l'or contient le soufre rouge plus cuit et par conséquent plus fixe, et l'argent contient l'arsenic pur et fixe, mais moins que celui de l'or, mais on change la nature impure et volatile de l'un et l'autre soufre en nature pure et fixe, c'est pourquoi les bons Articles cherchent leur soufre dans l'or et dans l'argent, et ils abandonnent le soufre et l'arsenic communs.

Du Mercure Métallique

Le Mercure Métallique est celui qu'on appelle communément *vif-argent*, du quel il est nécessaire de parler un peu au long, d'autant que sans lui on ne saurait rien faire dans la transmutation des métaux ; et il est encore plus nécessaire d'en parler d'autant que comme il est la clef pour ouvrir les métaux parfaits, ainsi que nous l'avons vu dans les Archidoxes de Paracelse ; les Philosophes Chimistes qui ont traité de cet admirable minéral, ont parlé de cette clef fort obscurément et par des paraboles difficiles à être comprises par ceux qui ne sont pas bien forts dans la physique, et qui n'ont qu'une pratique superficielle de la Chimie.

J'ai déjà fait voir dans l'introduction et dans les mêmes Archidoxes, que tous les corps ont un soufre et un mercure, que les Médecins et Naturalistes appellent *chaleur naturelle et humidité radicale*, et j'ai montré qu'il y a soufre et mercure végétal, animal et minéral ; et quoi que ces trois viennent des mêmes principes, c'est-à-dire des qualités élémentaires, néanmoins le mélange différent de ces qualités font que ce mercure sulfureux des corps est très différent, et que je ne répète pas ici, par ce que je suppose qu'on l'ait bien compris; car sans cela tout ce que je pourrais dire est inutile: et l'on n'entendra pas trop bien pourquoi tous les Philosophes Chimistes parlent beaucoup plus du mercure que du soufre, à cause que le soufre, comme on l'a dit, est invisible n'étant que la chaleur que la matière subtile et ignée produit qui est contenue dans l'humidité visible et onctueuse qu'on appelle *Mercure*, et que pour la chaleur qu'il contient s'appelle *Mercure sulfureux*.

    Les Anciens Philosophes et particulièrement les Égyptiens qui n'expliquaient la philosophie que par des hiéroglyphes et des fables, disaient que ces trois règnes de la nature, l'animal, le végétal, et le minéral étaient partagés entre les fils de Saturne, qu'ils désignaient pour la première matière céleste la plus ancienne et occulte. Jupiter et sa sœur Junon qui était aussi sa femme, était le feu et l'air, qui formaient par leur union indissoluble le soufre, et ils avaient l'Empire des Dieux, des Démons, des Hommes et des animaux, dans lesquels la chaleur domine sur les autres éléments; comme il paraît par leur mouvement et par l'esprit supérieur qui leur fait faire tant d'actions. Neptune avait le règne inférieur de l'humidité mercurielle, qui prédomine sur les plantes; et comme toute l'humidité vient de l'eau, il dominait sur tout l'élément humide aussi bien que tout ce qui retient de sa qualité. Pluton était Seigneur des lieux infernaux et du royaume des morts, c'est-à-dire des choses souterraines, comme les pierres, minéraux, et métaux qui paraissent être des corps morts, non que ces corps n'aient pas en soi un esprit vital et sulfureux, mais parce que dans leur formation la terre saline domine, et qu'elle a prédominé, de manière enfin que le soufre qui est dans leur humidité mercurielle ne pouvant plus se mouvoir et agir, est resté comme étouffé par la surabondance du sel terrestre qui les fait paraître comme morts.

    Empédocle a renfermé dans ces deux vers la philosophie susdite.

    Jupiter ethereus, Juno vitalis ad hos Dis.
    Et nectis lacrimis hominum qua lumina complet.

    Il est donc à remarquer avec grande attention que l'Artiste qui sait décomposer les corps minéraux et, métalliques, et les délivrer des superfluités du corps terrestre qui étouffe leurs esprits; trouve en eux un mercure ou une quintessence qui renferment de grandes propriétés, tant pour la Médecine que pour la métallique: car de même que les herbes, quoique sèches et mortes, ne laissent pas de contenir et de nous donner une quintessence de grande vertu, de même les minéraux et métaux, quoiqu'ils paraissent secs et morts, contiennent aussi un mercure ou quintessence très subtile remplie de son soufre et d'autant plus efficace et précieuse, qu'elle est très éthérée et

ABRÉGÉ DE LA DOCTRINE DE PARACELSE

non sujette à corruption, comme nous l'allons voir par leur mercure métallique, qui est comme la matière dont ils sont composés, comme la mère qui les a enfanté.

Ce qu'on doit tirer de plus important de la susdite doctrine, c'est :

1° Que le mercure animal est plus sulfureux et plus pénétrant, mais plus évaporable ; le mercure des végétaux est plus aqueux ; et celui des minéraux plus salin, et par conséquent moins corruptible.

2° Que chaque mercure, soit animal, végétal ou minéral, est différent, pouvant contenir plus ou moins de soufre, plus ou moins d'humidité, et plus ou moins de sels : ainsi le mercure humain à plus de soufre, c'est-à-dire plus de feu éthéré que celui des animaux, comme il paraît par les distillations de leurs sang ou urines ; il a aussi plus de sels volatils, n'y ayant pas de comparaison entre le sang de l'homme et celui d'une tortue et même d'un bœuf. Le mercure des laitues ou de semblables herbes est plus aqueux que celui des animaux et des minéraux ; le mercure des minéraux a plus de sel, et particulièrement celui des métaux qui en a d'avantage que le mercure du vitriol, de l'alun et du sel commun ; et ces différences qui sont infinies, font la différence, comme on l'a dit des propriétés des corps différents.

Il est à noter aussi que les éléments grossiers qui forment le corps qui renferme leur quintessence, ces éléments grossiers, dis-je, abondent en qualités suivant la nature de l'essence qui est dans le mixte. Par exemple, la laitue qui a un mercure fort humide, son corps abonde aussi en eau flegmatique ; le vitriol qui a un mercure fort terrestre, abonde en terre ; comme les animaux, dont la plupart ont un mercure igné et aérien ; ils se résolvent par les flammes en air, et il ne reste guère d'eux que quelques cendres, qui viennent moins des chairs que des os qui forment la carcasse qui sert à soutenir l'édifice de leurs corps. Il ne doit point paraître étrange que la quantité des éléments grossiers qui forment le corps soient en quantité proportionnelle aux éléments subtils, lesquels comme nous l'avons vu au commencement, forment la quintessence qui est dans le même corps ; d'autant que ces éléments subtils et invisibles sont enveloppés et contenus dans les éléments grossiers, visibles et insensibles ; de manière que l'air subtil, par exemple, étant enveloppé dans l'air grossier, et la vapeur humide, étant enveloppée dans l'eau corporelle, et ce qu'on appelle *sel* ne renfermant que l'humide mêlé des parties insensibles et des atomes de la terre ; il en résulte que chaque semence (qui est la quintessence) croît par une manière de transmutation et attraction de ce qui est plus semblable à elle, au même temps attire soi le grossier avec le subtil, ce qui est comme je l'ai dit un des plus grands mystères de nature, quoi que visible et sensible.

ABRÉGÉ DE LA DOCTRINE DE PARACELSE

Ces choses étant bien entendues, il faut venir à la formation de ce corps admirable qu'on appelle *mercure métallique*, et communément on nomme *vif-argent*.

Le vif-argent qu'on appelle aussi vulgairement *mercure* par similitude, d'autant qu'il est l'essence des métaux et particulièrement de l'or qui n'est presque qu'un argent vif très cuit et mêlé d'un soufre pur et fixe; l'argent vif, dis-je, vient comme toutes choses des quatre éléments: tous les Philosophes fondés sur l'expérience montrent que sa nature est aérienne; mais d'un air humide sulfureux et médiocrement salin.

Comme l'argent-vif est appelé *le jouet des Alchimies*, et que grand nombre d'eux ont fait des travaux infinis sur lui, on a eu les moyens d'examiner à fond sa nature, qui est extrêmement subtile, puisqu'il se réduit facilement en air; mais ce qu'il y a de remarquable, c'est que cet air est incorruptible et indestructible, puisque l'eau-forte la plus violente, ni le feu même ne peuvent rien changer dans sa substance, qu'on trouve toujours telle qu'elle était auparavant: ce qui fait voir que toutes ses particules sont très subtiles, et qu'elles sont si bien unies les unes avec les autres qu'il n'y a pas d'agent corporel qui puisse facilement le pénétrer et le séparer, de manière qu'il faut quelque chose de spirituel et homogène pour le corrompre. Cependant comme le vif-argent est un corps fluide de sa nature, on voit qu'une eau très subtile et aérienne entre dans sa composition; mais ailleurs comme cette eau fluide ne mouille point et ne s'attache à aucune chose (excepté aux métaux qui sont composés de sa substance) l'on doit conclure avec Geber que les particules terrestres sulfureuses et salines sont mêlées avec l'eau, en une si juste proportion, que l'une n'est pas supérieure à l'autre, c'est-à-dire que l'humide aqueux ne surmonte pas le sec terrestre, et c'est pour cela qu'il ne mouille pas; comme aussi que le sec ne surmonte pas l'humidité, ce qui est cause qu'il est toujours fluide: et c'est sur ce principe que tous les Philosophes Chimistes sont convenus de la définition de Geber, disant que l'argent-vif dans sa première racine est composé d'une terre blanche et très subtile, fort sulfureuse, et d'une eau claire et nette, unies ensemble par *minima*, et de manière que l'humidité soit tempérée par le sec, et le sec également avec l'humide; de quoi il en résulte une substance qui n'a point de repos, et qui flue lorsqu'elle est dans une superficie plate; et ne s'attache point à ce qui la touche, à cause de la sécheresse qui tempère son humidité, l'on juge donc qu'il est homogène, parce que ou il s'envole tout au feu, ou bien il y demeure tout entier quand on sait l'art de le fixer, ce qui n'est pas facile. Il est donc aérien et incombustible, inaltérable, et incorruptible ce qui est la plus grande perfection, et qui n'est accordé qu'à l'or, qui (comme l'on verra) n'est qu'argent vif fixé par un peu de soufre pur et net. Cette terre sulfureuse fait que quoique l'argent vif paraisse blanc en dehors il est très rouge au-dedans, comme il paraît par sa calcination au feu sans aucune addition, et par plusieurs autres expériences que les Chimistes savent.

Les Philosophes qui ont été curieux de rechercher les principes de la génération des choses, conviennent que leur production vient des semences, et que ces semences prennent leur accroissement de quelque matière universel qui leur est convenable, mais comme dans la génération des minéraux l'on ne voit pas des semences sensibles, et que dans les lieux où auparavant il n'y avait aucun minéral, il se produit dans la suite des siècles ; ils ont jugé que la chaleur célestes agissant sur l'humidité qui est dans la terre pouvoir produire des corps non organisés, tels que sont les sels les minéraux, métaux et choses métalliques. Tout ce qui vient par des semences et graines sur la terre, il est évident qu'il prend accroissement par l'air humide, soit des pluies, rosées et choses semblables : mais les choses métalliques, et le soufre métallique ne viennent point des semences et graines visibles ; il faut croire qu'ils se forment d'une autre manière, et que les dispositions même de la terre qui est comme leur matrice, forment les principes métalliques et ensuite les métaux.

Nous avons vu que le soufre se formait d'une terre boueuse, cuite longtemps par la chaleur ou soufre de l'air chaud, et que cette graisse ou liqueur chaleureuse de la terre étant enfin desséchée par une très longue et lente digestion, forme ce qu'on appelle *soufre*.

Or le vif-argent paraît être un composé dudit soufre très pur et d'une eau très subtile et claire, et que l'air humide circulant dans les cavernes de la terre, s'il trouve des vapeurs sèches dudit soufre, les deux vapeurs se mêlant ensemble avec l'égalité requise, forment un admirable sujet qu'on nomme *argent-vif*; car ces deux vapeurs étroitement mêlées retombant dans la suite en petites gouttes, nous font voir cette eau pesante et sèche qui est la base et comme la mère des métaux et minéraux métalliques, car avec l'addition d'autres vapeurs sulfurées, les métaux se forment de la manière que nous dirons après.

Mais il faut nous arrêter auparavant à examiner notre objet ; c'est-à-dire l'argent-vif que nos Philosophes appellent *air* ou *vent*, d'autant que le mot est la même chose que l'air ; c'est pourquoi Hermès a dit que la Pierre est dans le ventre du vent.

Donc la raison est que ce corps n'est proprement, comme on l'a dit, qu'un air humide épaissi dans les entrailles de la terre par la vapeur du soufre. On le peut aussi appeler *air* parce que la graisse sulfureuse qui entre dans sa composition et s'y mêle en forme d'exhalaison vaporeuse, de manière qu'à proprement parler, ce sont deux sortes d'airs, l'un humide, l'autre plus sec, qui

ABRÉGÉ DE LA DOCTRINE DE PARACELSE

le composent ; et comme ces deux vapeurs sont très subtiles, elles ne sont pas séparables : de là vient qu'il est incorruptible ; car pour corrompre un corps, il faut décomposer les parties qui le composent : or nous n'avons rien qui soit plus subtile que ces deux vapeurs que la nature a ainsi mêlées. Il est vrai que le feu peut en un très longtemps faire que l'argent-vif devienne un corps sec comme la poudre, parce que la longue violence du feu aura dissipé une partie de son humidité ; ce qui se connaît en ce que le vif-argent reste au feu en forme de terre rouge : mais quand il est fixe, cette terre n'est plus subtile ou liquéfiable, et chacun sait que la liquéfaction vient de l'humidité.

Cette union étroite des parties qui se sont unies en forme de vapeurs, fait aussi sa grande pesanteur, n'y ayant dans la nature, que l'or seul qui tombe au fond de l'argent vif ; tous les autres corps même les métaux, surnagent : ce qui provient, comme on le sait, de ce que tous les autres corps sont plus légers que le liquide sur lequel ils surnagent ; ainsi l'huile, quoique liquide, surnage sur l'eau, parce que l'huile est plus légère que l'eau.

Mais il faut remarquer avec attention que quoique l'argent vif soit tel que nous l'avons décrit dans sa nature, il a comme tous les autres mixtes, un corps impur, c'est-à-dire un eau flegmatique et une terre salle sulfureuse qui contiennent le mercure pur, subtil et essentiel : et comme ces impuretés sont accidentelles elles font séparables ; mais ce n'est pas sans beaucoup de difficulté, à cause que ces impuretés, quoiqu'elles soient dites grossières, sont très subtiles : on les appelle *grossières*, comparées au subtil du vif-argent qui forme son essence très subtile ; c'est pourquoi tous les Philosophes Chimistes disent que l'argent-vif est infecté de double mal, c'est-à-dire de lèpre et d'hydropisie : la lèpre vient de la terre, et l'hydropisie de l'eau, qui forment le corps qui contient la quintessence ; c'est pourquoi Raymond Lulle dit que l'argent-vif cache sa véritable nature, dans la profondeur de son ventre. *Qui abscundit naturam suam in profunditate ventris sui* ; c'est pourquoi, tel qu'il se présente à nos yeux, il est un corps impur ; et il n'y a dans la bonne Chimie que sa quintessence qui soit profitable ; c'est pourquoi les Philosophes Chimistes disent que le mercure des Philosophes n'est pas le mercure vulgaire, et que ceux qui sont moins envieux nous, recommandent de prendre le mercure du mercure et l'argent-vif de l'argent-vif, sans pourtant dire la manière d'obtenir et de séparer cette essence ; mais tenez pour certain qu'il n'y a aucun composé, si pur qu'il paraisse, même l'or, qui n'ait ses superfluités terrestres ou aqueuses, et ce sont ces superfluités qu'on appelle *taches du pêché originel*, parce que l'âme du mixte est salie dans sa conception de ces taches.

Quoique le vif-argent ne soit point un métal, il est mis au nombre des métaux parce qu'il en est proprement la mère et la substance ; car comme on l'a dit, tous les métaux sont formés du vif-argent mêlé avec un peu de soufre, qui le coagule en forme de métal ou demi métal, suivant les propriétés et qualités de ce soufre. Ce qui est visible, et que je sais par expérience, car en séparant le soufre des métaux, ils se rendent tous en argent-vif commun.

C'est pourquoi si le vif-argent est engendré dans une terre impure, et mêlé avec un soufre grossier et brûlant en petite quantité, et seulement suffisant à le coaguler, il produit le plomb; si ce soufre est fort terrestre et à demi fixe, et se mêle en grande quantité avec le vif-argent, cela produit le fer; si le soufre est un peu moins grossier, mais brûlant en moindre quantité, il produit le cuivre; et si le soufre est en partie blanc comme l'arsenic, en partie pur et fixe, et en partie impur et brûlant non fixe, il produit l'étain; mais si le soufre est blanc comme l'arsenic, et qu'au surplus il soit en petite, quantité, très subtil non brûlant et fixe, il produit l'Argent; si le mercure est d'une grande pureté, et se mêle avec une très petite, quantité de soufre très pur très fixe, il produit l'or; si le soufre est grossier et en grande quantité, il produit les marcassites ou les demi métaux, comme l'antimoine, le bismuth, le zinc et semblables qu'on voit être pleins de soufre terrestre et inflammable.

Il semble donc qu'on puisse dire que l'or est formé en partie de la quintessence du mercure et de la quintessence du soufre, quoique non pas tout fait; ayant, comme on l'a dit, son corps, qui n'est pas exempt de superfluités: mais ces superfluités sont en très petite quantité, et elles sont si subtiles et tellement unies avec l'essence du mercure et du soufre, que le feu même ne peut pas les séparer ou disjoindre; au contraire plus il y demeure, plus il s'y perfectionne car les superfluités métalliques qui ne sont pas de la nature de l'or, se brûlent et s'en séparent, et cette perfection lui vient de la petite quantité de soufre additionnel et du mercure pur dont il est formé, qui a en soi un soufre pur, ainsi que nous l'avons dit. Ce n'est pas sans raison que plusieurs ont dit que l'or est un argent-vif cuit par son propre soufre interne, digéré et cuit par la chaleur céleste qui contribue à sa cuisson en plusieurs siècles; ce qui n'est pas pourtant bien vrai, quoi qu'il approche de la vérité.

L'on voit par-là que tous les métaux imparfaits ne sont qu'argent-vif mêlé avec la vapeur du soufre brûlant et terrestre: ce qui est encore visible en ce que tous les métaux se résolvent en vif-argent courant; car si par l'art on peut séparer le soufre qui les coagule, ils le réduisent en vif-argent coulant, comme je puis le faire voir par l'expérience; de manière qu'on pourrait dire que tous les métaux ou corps métalliques sont une espèce de cinabre qui est un composé de vif-argent et du soufre mêlé grossièrement ensemble. Si l'on ajoute quelque chose qui s'imbibe du soufre aérien avec le mercure, alors le soufre s'en sépare, et le vif-argent coule à son ordinaire. Il en est de même des métaux ; mais comme le soufre est plus subtilement mêlé, on l'en sépare plus difficilement.

Quant à l'or et à l'argent, ils sont formés de même, hormis que leur soufre est encore plus subtil, plus pur plus fixe, et mêlé plus intimement avec le mercure, et particulièrement celui de l'or.

il faut donc considérer dans la composition des métaux imparfaits, une double sulfuréité : la première est celle qui est dans l'intérieur de l'argent-vif, qui est essentielle et incombustible ; l'autre qui survient est grossière et brûlante, et fait qu'en se brûlant au feu, elle éleva avec soi l'argent-vif qui de sa nature est volatil ; d'où l'on peut conclure que l'argent, et plus encore l'or, non point de soufre combustible, mais seulement le soufre pur et incombustible de l'argent-vif.

Ceux qui voudront voir les preuves sensibles de ce que nous avons dit de la nature des métaux, du vif-argent, et du soufre qui les composent, n'ont qu'à lire Geber, dans la Somme de perfection, qui en parle au long avec des démonstrations sensibles.

Ce que je puis dire pour détromper ceux qui ont une opinion différente, c'est que le vif-argent qui vient des métaux ne diffère guères du commun et naturel, quoi qu'il soit vrai qu'il est un peu plus clair que l'autre, car par exemple celui de l'argent est un peu plus luisant que celui qui vient du plomb : mais celui-ci bien lavé ou sublimé et ensuite revivifiée acquiert la même splendeur que celui de l'argent. Cependant aucun de ces mercures ne dissout radicalement l'or ou l'argent, comme plusieurs se l'imaginent, n'y ayant que la quintessence subtile du vif-argent qui puisse faire la dissolution radicale, en pénétrant les plus petits pores du métal jusqu'au profond de sa nature.

Il faut dire aussi pour un plus grand éclaircissement, qu'il ne faut pas croire que dans une minière métallique, il n'y ait qu'une sorte de métal, mais il là faut considérer comme un champ où naissent diverses sortes d'herbes. Il en est de même des mines la plupart des Métaux y naissent et s'y forment ensemble, avec toutes sortes de soufre et minéraux, des pierres opaques ou transparentes, suivant les dispositions des endroits de la terre ; de manière que dans un lieu il y a un petit grain d'or, en un autre un grain d'argent, ou de cuivre, ou de plomb, qui sont tous mêlez de terres sulfureuses ou arsenicales, aussi bien que de cailloux, et autres pierres diverses.

Mais la mine prend le nom de la plus grande quantité de métal ou minerai qui y naît. Le Minéralistes et ceux qui avec attention, ont visité les mines, savent fort bien ces choses, et que la grande dépense consiste à séparer les métaux de ces terres ou soufres : il faut aussi séparer les métaux les uns des autres, et il est difficile de trouver une minière d'argent qui ne contienne aussi quelque peu d'or ; mais au Mexique, on n'en sépare pas l'or, à moins que chaque marc d'argent ne contienne au moins quarante cinq grains d'or ; car la dépense et la peine ne vaudraient pas le profit.

De l'étain de Cornouailles on a trouvé le moyen en Angleterre d'en séparer bonne quantité d'argent, sans perdre l'étain. De même les autres métaux ont toujours quelque grain d'un autre métal, et particulièrement, quelque grain de métal parfait, mais qu'on néglige, parce qu'ils ne récompensent pas la peine et la dépense à les séparer.

On trouve aussi quelques fois dans les mines du vitriol et même dans, celles du soufre commun, quelque petite quantité de soufre pur et fixe, qui ont fait de véritables transmutations d'un métal imparfait en un autre parfait ; et j'ai vu un ami qui tirait de l'argent qu'il brûlait, avec le soufre commun, il en tiroir dis-je beaucoup d'or, et qui pourtant ne dura qu'autant de temps que ce morceau de soufre dura ; et Bequerus dans sa philosophie souterraine rapporte qu'avec de l'eau-forte faite de simple vitriol et salpêtre à l'ordinaire, un Essayeur de la monnaie avait tiré de l'argent plus de quarante mille florins d'or ; ce qui ne dura qu'autant de temps que le vitriol et ladite eau force dura. Il y a plusieurs illusions semblables, lesquelles devraient nous servir à bien connaître la nature des choses, et particulièrement celle des minéraux, et métaux, et surtout du soufre et de l'argent-vif qui sont comme le père et la mère des métaux et demi métaux, comme l'antimoine, le bismuth, les marcassites.

Une autre observation que je crois à propos d'insinuer, c'est que, l'air qui produit le vif-argent dans les mines, produit aussi sur la terre les plantes et autres végétables. Si cet air est renferme et épaissi dans les mines, de la manière qu'on l'a dit, il produit les différents minéraux selon les dispositions de la terre qui en est comme la matrice : mais si cette vapeur ne s'arrête pas au fond de la terre, et qu'elle monte dans sa superficie elle produit, (moyennant les semences) les herbes et les plantes dont les animaux se nourrissent de manière que les Philosophes, et entre autres Grosparmy, et ensuite le Cosmopolite, ont eu raison de dire que l'humidité aérienne qui contient en soi le soufre ou la chaleur célestes, était le mercure universel qui le spécifiait suivant les matrices de la terre : ils ont eu raison de dire que ce mercure universel formait le mercure végétal ou minéral, mais que l'un était très différent de l'autre, criant contre ceux qui prétendent parvenir à la transmutation des métaux avec un autre mercure que le mercure métallique qui est le vif-argent, et ce qui provient de lui, c'est-à-dire les mercures des métaux parfaits, en qui seuls est la quintessence séminale et multiplicative de leur espèce ; ce qui est aussi un cri commun de tous les Philosophes Adeptes, c'est-à-dire de

ABRÉGÉ DE LA DOCTRINE DE PARACELSE

ceux qui sont parvenus à acquérir et posséder le secret de la Pierre. L'on peut voir ces choses plus au long dans mon traité des essences séminales, que M. de la Haumerie a fait imprimer à son nom, avec les expériences curieuses qui ont été faites chez moi.

Ceux qui prennent l'air pour la matière de la Pierre, comme étant effectivement le mercure universel et le premier mercure de tous les mercures, se trompent grossièrement, pour être trop subtils ; car les Philosophes tous d'une voix nous disent qu'il faudrait conduire ce mercure universel au mercure particulier et spécifique des métaux, ce qui est un ouvrage de la nature, et que tout l'Art humain ne saurait faire en mille ans, comme entre autres le bon Trévisan, le Cosmopolite, Bacon, et Richard Anglais, et plusieurs autres le montrent au long, avec tous les autres qui tachent en vain de corriger ceux qui sans fondement se dévoient du vrai chemin ; et la cause de leur erreur est que nos Maîtres disent que le mercure des Philosophes n'est pas le Mercure ni l'argent vif vulgaire c'est pourquoi ils ont recours au mercure universel aérien ; je ne saurait donc trop répéter que le nom de *mercure* qu'on donne à l'argent-vif est un nom très équivoque ; le nom de *mercure*, comme nous l'avons montré au commencement, signifie proprement l'humide radical et essentiel de quelque corps.

Or ce mercure, quand l'Art l'a tiré de la matière du corps impur, paraît en forme d'humidité visqueuse. L'argent-vif contient comme les autres corps son essence, qui est le vrai mercure des philosophes : de manière que quand ils disent que le mercure des Philosophes n'est pas le mercure vulgaire, ils disent vrai ; car, comme on l'a dit tant de fois, le mercure des Philosophes est à la vérité l'humidité subtile et aérienne ; mais pour la Pierre des Philosophes, cette humidité est l'humidité radicale de l'argent-vif qui est son essence séminale laquelle est imprégnée de son soufre pur et fixe. Si l'on entend bien ces deux mots, on a la clef pour expliquer plusieurs énigmes subtiles des Philosophes Chimistes, qui tachent d'embarrasser les ignorants, et en même temps de s'expliquer en vrais Philosophes.

Ce que je viens de dire n'est pas une invention de ma tête, mais c'est la sentence de tous les Philosophes. Tous les Livres de Geber nous montrent que la Pierre philosophale n'est qu'un composé d'argent-vif, et que le seul argent-vif est la vraie et parfaite médecine ; mais il ajoute qu'il n'est pas notre Médecine dans sa nature, quoiqu'il puisse être bon dans certaines occasions ; il dit de plus que le mercure n'est pas Médecine dans sa nature corporelle et sale ; et quoi qu'il n'enseigne pas la vraie manière de le purger et d'en tirer l'essence, il montre en plusieurs endroits qu'il la faut rendre très pure ; car

ABRÉGÉ DE LA DOCTRINE DE PARACELSE

ayant montré que la Pierre doit se faire de la plus pure et subtile substance de l'argent-vif, il dit ces paroles remarquables.

On demande ordinairement d'où il faut tirer cette substance pure de l'argent-vif; nous répondons et déclarons qu'elle se trouve dans les choses où elle est, car elle est aussi bien dans les corps parfaits (comme on l'a fait voir dans leur composition) que dans le même argent-vif, il est vrai que dans les corps parfaits, elle est plus parfaite, mais plus difficile; dans l'argent-vif elle est plus facile à avoir, car il y a plus de facilité à tirer de lui cette substance subtile, puisque sa substance est actuellement subtile. Or il est plus facile de tirer l'essence subtile du vif-argent, que des métaux parfaits, c'est-à-dire de l'or et de l'argent; car ceux-ci sont si compactes et resserrés qu'il est difficile de les pénétrer et de les ouvrir ou corrompre; mais comme-dit Paracelse, Basile, Valentin et plusieurs autres, après Geber, l'argent-vif est un métal ouvert qui donne plus de facilité à l'extraction de son essence pure et subtile, et non seulement il est métal ouvert, mais sa substance subtile est seule qui peut pénétrer le profond des autres métaux; d'autant que comme on l'a dit, ils sont composés de vif-argent, et que comme dit la Tourbe, la nature se plaît avec ce qui est de sa nature.

Mais je vais déclarer le plus grand secret de l'Art, et que tous les Philosophes ont caché avec grand soin. Remarquez que le vif-argent tel qu'il est, brise et rompt tous les corps métalliques, mais cependant ne les pénètre pas intimement; si vous en demandez la raison, vous trouverez que le vif-argent tel qu'il est, est en quelque manière grossier et corporel, c'est à cause de la terre et de l'eau grossière que nous avons dit qui accompagnent son essence très subtile; dans cet état donc il ne peut pénétrer que les pores grossiers des métaux; mais si vous savez le dépouiller de son corps et avoir son essence, alors elle pénétrera sans doute les corps parfaits jusque dans le profond et le plus profond de leur essence, et ces deux essences mêlées ensemble feront la Pierre.

C'est pourquoi J. d'Espagnet entre autres dit ces paroles remarquables dans ses règles des secrets hermétiques: *Non seulement les Philosophes les plus grands, mais l'expérience nous fait voir que l'argent-vif commun dans sa nature n'est pas l'argent-vif des Philosophes, mais seulement sa substance moyenne essentielle, de qui l'argent-vif commun tire son origine et sa formation.*

C'est ce que les Philosophes ont entendu quand ils ont dit qu'il faut avoir le mercure du mercure et l'argent-vif de l'argent-vif, et que c'est lui qui est le mercure des Philosophes, et celui qui a la puissance de réincruder et de corrompre l'or pour en tirer son essence, qui est celle qui abrège l'ouvrage de la Pierre Philosophale. Mais afin que les curieux de ce trésor entendent mieux

ABRÉGÉ DE LA DOCTRINE DE PARACELSE

ce qu'il faut faire pour y parvenir, je dis qu'il faut connaître ce qu'il faut faire, et en quoi consiste cette Médecine qui transmue le vif-argent vulgaire en argent ou en or, et qui peut servir aussi à guérir les maladies des corps humains.

Or pour bien entendre ce qu'il faut faire, nous n'avons qu'à écouter la Tourbe qui parlant à Pythagore, comprend le tout en peu de mots, disant: notre Maître il me semble que tout consiste à faire le fixe volatil et le volatil fixe, ce que plusieurs autres Philosophes ont dit en plus de paroles.

En effet tout l'ouvrage consiste à faire que le corps de l'or qui est fixe, se ramollisse par l'addition d'une humidité de sa propre nature et qu'il se putréfie de manière qu'on puisse séparer de son corps l'essence séminale; ce qui se doit faire, comme on l'a dit, avec une humidité de la propre nature de l'or, c'est-à-dire avec une substance humide et volatile qui soit capable de pénétrer les pores que l'eau-forte ne peut pénétrer: et comme il n'y a rien au monde qui soit plus proche de l'or que la quintessence de l'argent-vif qui est humide et volatile, il faut se servir de cette humidité métallique pour renouveler et putréfier l'argent et l'or, ce qu'étant fait, il arrivera que cette humidité métallique jointe à la vertu séminale de l'or convertira tout ce qui est convertissable en sa propre nature séminale aurifique; car, après que l'or a souffert l'action du mercure, l'essence de l'or agit sur le mercure et le rend fixe comme est l'or; mais de cette union il en résulte une substance qui tient de la nature de l'or dans la fixité, et de la nature du mercure du côté de la subtilité et pénétration et fluidité au feu.

Et notez que l'or se réduit en une espèce de pourriture et se résout en une manière d'eau mercurielle, laquelle se mêle avec le mercure de l'argent-vif et il le forme des deux substances ce double Mercure signifié par les deux serpents entortillés dans le caducée du Dieu Mercure si célébré par les Philosophes Chimistes: ce sont ces deux mercures qui n'en font qu'un seul et qui ne se trouve pas sur la terre, mais comme dit Hermès, qui doit sortir des cavernes dorées par le mercure philosophique et par l'industrie de l'Artiste.

Chez les Égyptiens les serpents sont l'hiéroglyphe qui marque la corruption ainsi que plusieurs Philosophes l'expliquent, et plus particulièrement le Livre intitulé *le grand olympe*, qu'on croit être de Vicot. De manière que (et c'est ce qui embarrasse le Lecteur) il faut considérer qu'il y a trois mercures philosophiques qui ne sont pas le mercure vulgaire; le premier est le mercure de l'argent-vif, le second est le mercure de l'or qui est son essence séminale, le troisième est celui qui résulte du mélange des deux dans le vaisseau, et aucun de ces trois mercures ne se trouve pas sur la terre, et il le faut faire par l'Art: il y en a un quatrième ainsi appelé improprement, car quelques-uns ont appelé *mercure philosophique* la Pierre philosophale, d'autant que c'est une substance qui est formée de mercure, mais ce nom est en quelque manière impropre, comme dit J. d'Espagnet, car le nom de mercure convient à une chose volatile et humide, et non à une chose sèche et aussi fixe qu'est la Pierre.

Cependant par la raison que je viens de dire, quelques-uns, et entre autres Raymond Lulle, ont pris la liberté de l'appeler *mercure* et plus souvent encore Raymond l'appelle *soufre fixe*, est égard au soufre de l'or qui domine dans la Pierre. Mais ceux qui ont lu les Livres savent que nos Philosophes ne sont pas chiches de noms, et qu'à chaque chose ils donnent des noms divers ; et pourvu que ces noms ressemblent à quelque chose qui a quelque ressemblance à la Pierre ou à quelqu'une de ses apparences, cela leur suffit.

La Pierre donc consiste dans l'essence séminale de l'or tirée par l'essence séminale de l'argent-vif commun, du mélange et cuisson convenable desquels il en résulte une substance moyenne qui tient de la fixité de l'or et de la subtilité et pénétration du mercure, en vertu de laquelle humidité et subtilité cette Pierre flue au petit feu comme de la cire.

Cette substance projetée sur l'argent vif étant de sa nature très subtile, le pénètre par toutes ses moindres parties, s'y joint intimement et le fixe en or, à cause que cette Médecine tient de la nature fixe, et du soufre rouge et séminal de l'or ; ce que ladite poudre fait d'autant plus facilement, que le vif argent, comme nous l'avons vu, n'est qu'un or volatil, comme l'or est un argent fixe, et qu'ayant dans son intérieur beaucoup de soufre rouge, par le secours du feu commun très brûlant et vif, le mercure met au dehors sa couleur aurifique, aidé par l'essence de l'or ; ce que j'ai vu nombre de fois arriver en une heure ou peu plus de temps. Mais si la Médecine est faite de la semence de l'argent en moins d'un quart d'heure, il le fixe en argent, et avec plus de facilité que la présure ne coagule le lait. Que si l'on considère que l'argent-vif est en un parfait équilibre entre l'humidité et le sec (comme nous l'avons montré) on ne s'étonnera pas qu'une très petite quantité de cette terre sèche qu'on appelle *Pierre*, mais qui est d'une subtilité infinie, ne puisse arrêter une grande quantité de mercure. J'ai vu plusieurs fois par un seul grain de cette terre d'or sulfureuse, arrêter environ dix mille parties de vif-argent, et le convertir en or ou en argent à toutes épreuves.

Notez aussi que cette poudre opère la même chose sur les autres métaux, qu'elle ne transmue de leur substance que le vif-argent, la partie sulfureuse et terrestre du métal étant brûlée par le feu et réduit en scories, C'est pourquoi il est nécessaire de laisser les métaux en fusion plus de temps, ce qui n'est pas si nécessaire au vif-argent commun, qui n'a pas tant d'impuretés : cependant il ne laisse pas d'en montrer quelque peu ; car j'ai observé que l'or qui provient du vif-argent était en quelques endroits de couleur verdâtre, ce qui marque

ABRÉGÉ DE LA DOCTRINE DE PARACELSE

assez que le vif-argent a ses impuretés, et qu'il diminuait de quelques grains au départ et à la coupelle, à cause de la terre impure et humidité volatile que le feu en chasse ; mais comme elle est en très petite quantité, l'argent-vif diminue fort peu ; et cet or verdâtre étant purifié, il est aussi beau et encore plus que le commun des mines,

Cette opération par laquelle l'or répand (par l'Art) sa semence dans le sein du vif-argent philosophique, a été comparée par les Adeptes à la génération des enfants par plusieurs raisons.

1° Parce que la Pierre qui résulte de la conjonction des deux matières (l'or et le vif-argent) cette Pierre, dis-je est l'enfant de la philosophie.

2° Parce que l'or qui se joint l'argent-vif est comparé au mâle, d'autant qu'il est plus chaud et sulfureux, et que ce soufre est plus digeste et le vif-argent est comparé à la femelle qui est plus humide et froide.

3° Cependant dans les premiers embrassements de ces deux matières la femelle (disent-ils s'échauffe de manière qu'elle agit sur le mâle, le corrompt et en tire sa semence, qu'elle nourrit dans son ventre, et de sa propre substance, lui donne accroissement de manière qu'il s'en forme cet enfant tant chéri, lequel comme dit Raymond Lulle on trouve dans *le vaisseau au milieu de plusieurs superfluité et ordures, comme lorsque l'enfant vient de sortir du ventre de sa mère*, lesquelles superfluités résultent plutôt du corps de l'or que du mercure : car comme on l'a dit, l'or a ses impuretés terrestres comme les autres mixtes, quoique en moindre quantité.

Les allusions que les Philosophes ont faites sur cette Pierre naissante, sont infinies : ils l'ont comparée au phénix ; car de même, disent-ils, que ce phénix dans le feu renaît de sa propre cendre plus jeune et vigoureux, de même l'or qui paraissait détruit dans le vaisseau, renaît plus fort et plus vigoureux, puisqu'il a acquis la puissance d'engendrer, et de transmuer tous les métaux inférieurs en sa propre nature. On l'appelle *Roi du feu*, parce que cet enfant est incombustible ; *Salamandre*, parce qu'il vit dans le feu. Plusieurs noms lui ont encore été donnés par similitude ; les uns l'ayant appelé *Rubis* à cause de sa couleur, *Rebis* à cause que la Pierre est composée de deux choses ; mais son plus vrai nom et le plus commun est *soufre* et *orpiment*, parce que c'est le véritable soufre ou quintessence de l'or ; et quand ce soufre est tiré de l'argent, il est appelé *arsenic*, à cause de sa blancheur. En un mot on lui a donné tous les noms des choses avec lesquelles la Pierre a quelque ressemblance ou rapport, et qu'on peut voir au long dans des Livres.

Cette variété de noms innombrables se multiplie encore par tout ce qu'on a remarqué dans le vaisseau pendant que la Pierre se forme, et que les deux matières sont encore liquides ; car comme les vœux du Philosophe sont quasi toujours attachés à cet ouvrage sur tous les mouvements et changements de couleurs qu'on aperçoit, chacun a inventé des noms de choses qui lui ressemblent par la couleur ou par la consistance. C'est pourquoi quelques-uns ont appelé *saturne* ou *plomb*, ce composé des deux matières ; quand ils l'ont vu noir ; *Jupiter*, quand ils l'ont vu commencer à blanchir ; *lune* ou *Argent*, quand ils l'ont vu tout à fait blanc : ils l'appellent aussi *arsenic, talc, yeux de poisson*, etc., et dans les intervalles que les couleurs étaient mêlées et diverses, ils ont dit que l'Iris paraissait, la queue du Paon, et semblables noms ; et passant du blanc au vert foncé, ils l'ont appelé *Vénus* ou *cuivre*, ou *vert-de-gris*, et de là devenant rougeâtre, ils l'ont appelé *Mars* ou *rouille*, etc., jusqu'à ce que le rubis transparent paraisse quoi qu'à mon avis il me semble avoir plutôt couleur de la Pierre appelé *grenade*, cette Pierre étant d'un rouge foncé et de pourpre, tel que l'or paraît après qu'il a été dissout par l'eau régale et précipité en poudre déliée.

Cette Pierre donc, enfant de la plus haute philosophie, étant projetée sur le vif-argent courant ou sur celui des métaux, qui ne sont (comme on l'a vu) qu'argent-vif coagulé par un soufre impur et brûlant, elle change le dit argent-vif en argent ou en or, suivant que ladite Pierre est formée de la semence de l'argent ou de l'or ; quoique de l'or seul on puisse faire l'une et l'autre Médecine, s'en servant quand la Pierre est arrivée à sa blancheur, sans la cuire davantage.

Mais afin qu'on ne puisse pas douter que ladite Pierre doit être formée de la substance de l'or commun, et du vif-argent commun l'un et l'autre réduits en quintessence par l'industrie du Philosophe, nous n'avons qu'à voir les propriétés que ladite Médecine doit avoir pour produire l'effet désiré : pour cela écoutons Geber le maître des maîtres, qui nous montre que la Pierre doit avoir sept propriétés, c'est-à-dire : 1° L'oléaginosité minérale, 2° La subtilité de la matière, 3° La conformité avec la chose transmuable, 4° L'humidité radicale, 5° La pureté, 6° Une terre très fine 7° Enfin la teinture pure ; et en expliquant plus au long les propriétés, l'oléaginosité, ajoute-t-il, est la première propriété, afin que dans la projection elle se fonde à la chaleur du feu comme ferait de l'huile congelée, ou tout au plus comme de la cire ou de la poix-résine ; et cela est nécessaire afin que le vif-argent qui s'enfuit au feu, ne s'envole pas avant qu'elle soit fondue : Or cette fusion facile ne peut se faire sans l'oléaginosité de la matière. Et notez, dit-il ailleurs, et comme Vogelius le fait remarquer, que ce ne doit pas être une oléaginosité végétale, mais minérale et métallique, comme la troisième qualité le montre clairement.

La seconde propriété est la subtilité très grande de la matière, qui doit être

ABRÉGÉ DE LA DOCTRINE DE PARACELSE

plus que spirituelle, et plus subtile que l'air ; et cela est nécessaire, dit Geber, afin qu'elle puisse pénétrer au fond et jusqu'au plus profond de la matière altérable ; car après la fusion il est nécessaire que la Médecine pénètre en un instant toutes les parties les plus petites de la matière que vous voulez changer ou altérer.

Et notez de grâce que cette oléaginosité et cette subtilité pénétrante en un instant, ne se peut trouver en aucun corps, tant qu'il est en forme de corps, mais seulement dans leur quintessence qui est (comme on l'a vu toujours) d'une oléaginosité et d'une subtilité spirituelle.

La troisième propriété, dit Geber, est l'affinité ou la proximité de nature entre l'Élixir et la chose transmuable, laquelle affinité fait que les deux natures le joignent facilement ; et sans cette conformité il ne se peut faire une véritable union, ni en un infant, comme il est nécessaire qu'il arrive, si vous voulez transmuer et fixer l'argent-vif.

Notez donc, qu'il est impossible de faire ladite médecine d'autre chose que du vif-argent, ou des métaux qui sont formés du vif-argent parce qu'il n'y a aucune chose qui se mêle avec le vif-argent et avec les métaux, qu'eux-mêmes : car, dit Geber ailleurs, le vif-argent le mêle plus facilement avec le vif-argent, ensuite à l'or, ensuite au plomb, à l'étain, à l'argent, au cuivre, et nullement au fer, si ce n'est par artifice ; d'où l'on conclu (comme l'expérience le montre) que les métaux auxquels le mercure s'unit plus facilement, contiennent plus de mercure : il faut donc, si vous voulez fixer le vif-argent, que la Médecine soit tirée des choses qui sont plus de sa convenance, tel qu'est le même vif-argent ou l'or, ou de tous les deux ensemble, par les raisons évidentes que nous allons voir.

La quatrième propriété est que la Médecine est une humidité radicale, ignée, capable de congeler et consolider lesdits argents vifs, et toutes les plus petites parties et parcelles dans lesquelles ladite Médecine doit pénétrer, et qu'elle s'unisse de manière avec elles, qu'elle ne puisse s'en séparer à jamais ; étant nécessaire pour cela que l'humidité radicale et gluante de la Pierre ait, comme on l'a dit, la plus grande conformité possible avec l'humidité radicale gluante de la chose transmuable, qui est l'argent-vif.

Or il n'y a pas d'humidité radicale qui soit plus semblable, plus subtile, plus pénétrante, que l'humidité radicale du même vif-argent, et ensuite l'humidité radicale de l'or qui est un argent-vif très pur et très mur.

La cinquième propriété est que la Médecine soit très pure et très resplendissante, afin qu'elle puisse nettoyer et rendre la matière transmuée resplendissante comme l'or ou l'argent, et qu'au surplus cette Médecine ne soit pas sujette à combustion, au contraire qu'elle préserve de la combustion ; car après l'union de la Médecine avec la chose transmuable, il faut que le feu brûle toutes les superfluités étrangères qui n'ont pas été capables d'être transmuées en or ou argent, et qui n'ont pu être consolidées en or ou en argent. Ce seul article et cette seule propriété doit faire voir qu'il n'y a que ces deux choses dans la nature qui ne sont pas sujettes à combustion, c'et-à-dire l'or et l'argent-vif ; et même l'or n'a cette propriété que parce que lui-même n'est qu'argent-vif cuit et fixe.

La sixième propriété est que cette médecine (qui est sèche) contienne en soi une terre fixative, mais d'une subtilité extrême, tempérée par l'humidité subtile, également fine et incombustible, mais qui se liquéfie facilement et qui se mêle avec beaucoup de facilité avec la chose qui lui adhère, et qui résistes de manière au feu, que le feu ne puisse la brûler ou l'enlever avec soi, et cette fixité de la Médecine est absolument nécessaire, après la purification ; car si elle n'est fixe, elle ne peut pas fixer et retenir.

Il faut donc tirer cette médecine des choses fixes et résistantes au feu et il n'y a rien autre chose dans la nature qui persévère au feu avec sa propre liquéfaction (qui est requise dans ladite médecine) que le seul or ; le vif argent est volatil à la vérité, mais nous avons déjà dit ci-dessus que le mercure se fixe dans le vaisseau par la semence de l'or, laquelle semence est une huile plus fixe encore que l'or, puisque la fixité est de l'essence de l'or qui ne se liquéfie au feu et ne lui résiste qu'en vertu de cette huile fixe qui est son essence séminale.

La septième et dernière propriété de la Médecine est de donner à la chose transmuable et que la médecine doit transmuer, de lui donner, dis-je, une couleur resplendissante et parfaite, blanche ou citrine, soit de lune ou de soleil, parce que cette condition est nécessaire après la fixation, c'est-à-dire il faut qu'elle teigne de couleur d'or ou d'argent parfait et de couleur vive avec toutes les différences connues et certaines à toutes sortes d'épreuves.

Voila, les sept propriétés de la Médecine qui doit transmuer l'argent-vif commun aussi bien que celui des métaux imparfaits en argent ou en or, que Geber nous a indiquées, et que tous les autres Philosophes ont approuvées comme absolument nécessaires, et qui montrent évidemment que ceux qui le cherchent en d'autres matières que dans l'or et l'argent-vif, sont éloignés de la vérité, n'y ayant que ces deux matières qui contiennent l'oléaginosité minérale, la subtilité pénétrante, l'affinité réciproque avec les métaux, l'humidité radicale métallique et mercurielle, la terre et substance fixe et incombustible, et enfin la splendeur et la teinture argentifique ou aurifique : c'est pourquoi, dit Bacon, je m'étonne qu'il y ait des gens qui cherchent notre Pierre et notre

ABRÉGÉ DE LA DOCTRINE DE PARACELSE

teinture en des choses combustibles, comme les végétaux, les animaux et je m'étonne pas moins de ceux qui la cherchent en des choses non métalliques, ou dans des métaux imparfaits; étant certain qu'aucune chose ne peut donner ce qu'elle n'a point en soi, d'autant qu'il n'y a que les corps du soleil et de la lune qui aient la perfection requise c'est-à-dire le mercure, le soufre fixe et l'argent. Je sais bien que ces gens prétendent fixer leurs médecines en la projetant sur l'or qu'ils disent servir de ferment, mais ils rêvent; car le ferment est celui qui transmue: c'est la médecine qui est le ferment, et c'est elle qui est le ferment transmutatif; la pierre projetée sur l'or, de la manière que les Philosophes l'enseignent, étant un vrai ferment ou levain exubéré, change l'or en levain, comme le levain de la pâte change la pâte en ferment; et ce ferment en levain ne changerait pas la pâte et ne fermenterait pas avec elle, si le ferment lui-même ne venait pas de la pâte qu'il doit changer: mais il est inutile d'ôter de la tête de certains Chimistes les folies qu'ils y ont arrangées: que ceux qui peuvent profitent de ce que je viens de dire, car cela suffit aux vrais Philosophes et même à ceux qui ont quelque teinture de physique.

Il est vrai que les corps de l'argent et de l'or dans leur nature corporelles ne peuvent pas donner leur essence séminale qui est leur mercure et leur soufre, et qu'il faut les ramollir et putréfier afin de séparer le pur de l'impur, ce qui se fait par la quintessence du mercure; et par les deux joints ensemble l'on forme une substance moyenne qui participe de la subtilité et de la pénétration de l'argent-vif d'une part, et d'une autre part elle participe de la fixité de l'or ou de l'argent: mais de chercher ailleurs ces propriétés hormis dans le mercure de l'argent-vif et dans le mercure de l'or, c'est une imagination ridicule; car la perfection requise ne se trouve que dans le mercure de l'argent-vif et dans le mercure de l'or et de l'argent; c'est pourquoi Geber, après avoir prouvé que la perfection consiste dans les propriétés de l'argent-vif, il s'écrie, et plusieurs autres Philosophes avec lui: Louons donc Dieu, Souverain Créateur de toutes les natures, qui a crée l'argent-vif et qui lui a donné une substance incombustible et une substance avec des propriétés telle qu'il n'y a aucune substance qui les possède; car c'est lui qui surmonte le feu, et il n'est pas surmonté, au contraire il se repose en lui amiablement et se réjouit dans son sein, comme il paraît dans l'or qui n'est au fond qu'un-vif argent bien pur et bien cuit par la chaleur centrale du soufre céleste. Ces vérités paraissent en ce que l'or et le vif-argent sont presque égaux en pesanteur comme par l'Union facile qui se fait entre le mercure et l'or; car le mercure, comme on l'a, dit s'attache plus facilement aux métaux qui ont le plus d'argent-vif, et il ne s'attache pas aux autres corps qui n'en ont point: Il s'attache même fort difficilement aux métaux et aux minéraux métalliques qui ont beaucoup de soufre terrestre, tel qu'est le fer, l'antimoine et semblables, etc.

ABRÉGÉ DE LA DOCTRINE DE PARACELSE

Il se joint aussi au soufre quand, le soufre est fondu, et par la sublimation il s'en fait le cinabre, ce qui marque aussi que sa nature interne est sulfureuse et oléagineuse, mais il s'y mêle difficilement, quand le soufre est dans sa substance sèche, à cause la terrestréité corporelle dont le soufre abonde. C'est par ces observations et autres semblables que les Philosophes sont venus en connaissance de la nature des choses, du bon et du mauvais qu'elles contiennent, et comme le soufre joint aux autres métaux, les salit, et lorsqu'ils sont dans le feu, le soufre s'enflamme, les brûle et les extermine, ils sont convenus que le soufre dans sa nature volatile et brûlante était cause de leur perfection. Quoi que l'essence du soufre soit parfaite, oléagineuse et gluante, c'est le soufre comme Geber le montre, qui donne les couleurs aux corps métallique; mais son essence pure donne la splendeur à l'or et à l'argent; c'est pour cela qu'il proteste, et qu'il jure que c'est le soufre qui illustre et illumine tous les corps, car il est lumière et teinture il donne donc la couleur ou teinture aux métaux mais cette couleur est plus ou moins claire ou resplendissante suivant que le soufre est lui-même plus ou moins pur, et ce soufre très pur et lumineux qui est dans le mercure des Philosophes ne se trouve que dans le mercure, c'est-à-dire dans la semence de l'or et de l'argent, et c'est ce qu'on cherche d'avoir par la corruption de ces deux corps.

Il est vrai aussi que l'on peut faire la Pierre du seul argent vif qui a son soufre en foi, comme le même Geber et plusieurs autres Philosophes ont fait; mais il faut auparavant le fixer comme ce grand Philosophe le montre; ce que la plupart des Philosophes confirment: *si du vif argent*, disent-ils, *vous pouvez faire l'ouvrage parfait, vous aurez la plus grande perfection de la nature, et vous ferez, ce qu'elle n'a pu faire, car vous purgerez intérieurement les métaux imparfaits qu'elle n'a pu perfectionner.*

Mais il nous enseigne aussi en même temps qu'il faut auparavant fixer la substance pure du vif-argent, et après l'imbiber du même argent-vif très pur, afin que la matière flue, et qu'elle ait toutes les sept qualités que nous avons vu qui sont requises dans la Médecine; car le vif-argent, comme il le dit ailleurs, ne donne point la couleur parfaite, si lui-même n'est pas parfaitement dépuré; et il ne pénètre point au profond des corps transmutables, si l'on n'en tire sa substance très subtile, et il ne peut fixer, si lui-même n'est pas fixe: pourquoi pour abréger l'ouvrage, et pour s'épargner la peine très grande de fixer le mercure et de le rendre ensuite fusible comme de la cire, il dit qu'il faut prendre un des deux corps parfaits extrêmement subtilisés; ce qui se fait, comme je l'ai dit, par la très pure substance de l'argent-vif qui est sa quintessence. Étudiez dit-il, nos ouvrages, dans lesquels par un discours assez clair, j'ai montré que notre Pierre n'est autre chose que l'esprit puant (le soufre) et l'eau vive unis ensemble d'une telle union, que l'un ne peut se

ABRÉGÉ DE LA DOCTRINE DE PARACELSE

séparer de l'autre (c'est de ces deux choses qu'il a montré que le vif-argent est composé) auquel il faut ajouter le corps parfait subtilisé afin d'abréger l'ouvrage.

Il n'y a donc au fond que l'argent-vif qui entre dans l'ouvrage philosophique, mais un argent-vif net, pur, et qui a son propre soufre en soi, l'un et l'autre bien fixe ; de manière que tout ce qui est vif-argent et soufre minéral pur et fixe est la matière de la Pierre des Philosophes : il n'y a point d'autre matière, et c'est là ou l'on trouve les semences métalliques parfaites ; car, comme tous les Philosophes l'enseignent, l'Art de l'homme ne peut pas faire les semences, et c'est l'ouvrage de la nature : ce que l'Art peut faire, c'est de s'en servir pour multiplier les espèces, et il ne peut pas en faire d'avantage. Nous avons assez montré sans ambiguïté que ces semences sont dans le vif-argent, qui est comme la mère de tous les métaux ; et que pour la métallique la semence parfaite des métaux, et dont la perfection consiste dans la fixité, qu'elle est dans l'argent et dans l'or, et qu'on tire cette semence qui est la seule substance de la Pierre, et on ne se sert de l'essence de l'or que pour abréger l'ouvrage et s'épargner bien de la peine.

D'où il faut conclure que le mercure pur, net, et fixe, est la matière de la Pierre philosophale, et que partout ou on trouve cette substance, ou que par l'Art on a pu la mener à cette perfection on trouve la matière de la Pierre ; et que si ce mercure pur et net n'est pas fixe, on peut le fixer par l'Art, c'est-à-dire, par l'addition de l'essence séminale de l'or, ou bien imitant la nature, qui par de longues digestions fixe la substance pure de l'argent-vif qui a en soi son soufre ; ce qui se fait plutôt ou plus tard, suivant la perfection de la matière, et suivant l'industrie de l'Artiste.

De sorte qu'on peut conclure qu'il y a plusieurs manières de faire la Pierre pourvu qu'on ne s'écarte pas des susdits principes.

Pour revenir à Paracelse, que nous nous sommes proposés de suivre dans cet ouvrage, je dirai que ce grand Philosophe, lequel non sans raison s'était attribué le titre de *Monarque des Arcanes*, d'autant que personne n'a manié la Chimie avec tant de facilité que lui, si vous en exceptez peut-être Raymond Lulle, Basile Valentin et ceux de son École ; mais Paracelse a encore mieux mérité ce nom que les autres, en ce que par ses écrits il nous a découvert une voie véritablement philosophique, et moins embarrassée d'énigmes et de paraboles, ainsi que les autres ont fait ; et c'est pour cela que je me suis proposé de mettre ici la substance et le précis de sa doctrine, dont la fin sera son grand composé, ou grand œuvre.

Je rapporterai donc ici non seulement ce qu'il en dit dans les Archidoxes mais dans son Manuel, et dans le trésor des trésors, afin que le Lecteur puisse

ABRÉGÉ DE LA DOCTRINE DE PARACELSE

en tirer les lumières que son esprit lui suggérera. Car quoique Paracelse ait fait en cela comme les autres, néanmoins s'il n'a pas déclaré tout mot à mot, d'autant que cela serait blâmable; il a parlé plus et mieux que les autres: il a seulement déguisé quelques fois le nom des choses, et en omettant les circonstances, il a laissé à deviner beaucoup de choses aux esprits dignes de parvenir à la perfection de cet Art.

Il faut donc prendre ce qu'il nous dira, non comme d'un homme qui conduit par la main un aveugle, mais comme une personne qui met un homme d'esprit et clairvoyant dans le chemin qui peut le conduire au lieu où il veut aller, en prenant par lui-même la précaution nécessaire pour y parvenir; ce qui lui sera encore plus facile, s'il se sert comme d'une boussole des choses fondamentales qu'il nous enseigne ci-devant dans ses Archidoxes, et particulièrement dans ses Livres de la quintessence, qui est le fondement de toutes les choses qu'il enseigne. Voyons donc comme il nous enseigne la manière de faire l'Arcane de la Pierre.

Mais auparavant, et afin que le Lecteur ait plus de facilité à entendre ce qu'il veut dire, il faut se souvenir de ce que nous avons dit, que le vif-argent est la seule matière de la Pierre, et que tous les corps où il y a du vif-argent, peuvent par conséquent être la matière de la Pierre, les uns néanmoins étant plus proches que les autres.

Quant à Paracelse, il paraît que pour augmenter la teinture de sa Pierre, comme aussi pour la rendre en même temps plus efficace contre toutes les maladies, il unit l'essence à du vif-argent l'essence du régule de l'antimoine martial; il semble encore dans le Livre des Arcanes qu'on ne doit employer autre chose que l'essence du mercure seul; et en effet on peut du seul mercure faire la Pierre, et même elle est plus parfaite, comme Geber l'a dit: *si tu veux faire la Pierre du seul vif-argent, tu as trouvé la perfection des perfections*; mais pour faire cette Pierre plus facilement, il fixe cette matière avec l'essence très fixe de l'or: ce que je dis, paraîtra encore plus clairement par le dixième des Archidoxes qui est la clef des autres; en attendant je rapporterai ce qu'il en dit dans le Livre des Arcanes, où il cache tout l'ouvrage et toute la pratique; voilà comme il s'exprime au cinquième Livre des susdits Archidoxes:

« Prenez du mercure ou bien l'élément du mercure (l'essence) séparant le pur de ce qui est impur, ensuite réverbérez-le à parfaite blancheur; alors vous le sublimerez avec le sel armoniac, (non avec le commun) et cela tant de fois jusqu'à ce qu'il se résolve en liqueur. Calcinez-le (coagulez-le) et faites-le encore dissoudre et digérer-le dans le pélican pendant (un mois philosophique jusqu'à ce qu'il se coagule et prenne forme de corps dur: alors cette forme de Pierre est incombustible, et rien ne peut la changer ou altérer; les

ABRÉGÉ DE LA DOCTRINE DE PARACELSE

corps métalliques qu'elle pénètre, deviennent fixes et incombustibles car cette matière est incombustible, et elle change les métaux imparfaits en métal parfait : et quoique j'aie donné la pratique en peu de paroles, cependant la chose demande un long travail et beaucoup de circonstances difficiles que j'ai omises exprès pour ne pas ennuyer le Lecteur, qui doit être fort diligent et intelligent, s'il veut parvenir à l'accomplissement de ce grand ouvrage. »

Il paraît par ce que dit Paracelse, que la Pierre qu'il donne ici est faite de la seule essence du mercure ; et en effet, elle se peut faire, comme on l'a dit, de la seule substance pure de l'argent-vif ; et même elle est plus parfaite, si du seul argent vous pouvez faire la Pierre. Plusieurs autres Philosophes disent la même chose ; c'est-à-dire que la Pierre se peut faire d'une seule chose, sans y rien ajouter, et que cette chose est de peu de valeur et de dépense. D'autres veulent qu'elle soit composée de deux choses, c'est-à-dire de mercure cru et de mercure cuit (l'or) ; d'autres veulent que l'on la compose de trois, d'autres de quatre et quoique les trois choses puissent être interprétées pour le sel, le soufre, et le mercure, et les quatre éléments ; cependant il est certain que plusieurs Philosophes ont composé la Pierre diversement et par des régimes différents : et c'est entre autres choses ce qui fait la difficulté d'entendre les Livres qui en parlent, car chacun décrit la manière qu'il a tenue ne sachant pas ordinairement ce que l'autre a fait ou a pu faire.

C'est ce que Paracelse dit lui-même : plusieurs, dit-il au Livre X. chap. VI., ont opéré diversement pour faire la Pierre ; mais cela ne fait rien à la chose, puisqu'ils sont tous d'accord dans les principes et fondements de l'Art : je vais traduire tout cet article mot à mot afin que le Lecteur n'ait rien à désirer.

J'omets ici, dit-il, ce que j'ai dis par-ci et par-là de la Théorie, de la Pierre ; je dirai seulement que cet Arcane ne consiste pas dans la rouille ou fleurs de l'antimoine ; mais il faut le chercher dans le mercure de l'antimoine, lequel lorsqu'il est pouffé à sa perfection n'est autre chose que le ciel des métaux (la quintessence) ; car de même que le ciel donne la vie aux plantes et aux animaux de même la quintessence pure de l'Antimoine vivifie toutes choses ; c'est pourquoi le déloge même n'a pu lui rien ôter de sa vertu ni de ses propriétés : car le ciel étant la vie des êtres, il n'y a rien de supérieur à lui qui puisse l'altérer ou le détruire. C'est pour cela que Paracelse appelle *ciel* le mercure de l'antimoine, et parce que le régule forme des étoiles. Pour en donner la pratique en peu de mots, voilà ce qu'il dit :

Prenez l'antimoine, purgez-le de ses impuretés arsenicales dans un vaisseau de fer, jusqu'à ce que le mercure coagulé de l'antimoine paraisse blanc et remarquable (par l'étoile qui paraît dans la superficie du régule) ; mais quoi que ce régule qui est l'élément du mercure, ait en soi une véritable vie cachée, néanmoins ces choses sont seulement en vertu et non actuellement.

ABRÉGÉ DE LA DOCTRINE DE PARACELSE

Or si vous voulez réduire la puissance l'acte, il faut que vous dégagiez cette vie qui est cachée en lui, par un feu vivant semblable à lui, ou avec un vinaigre métallique. Pour trouver ce feu plusieurs Philosophes ont procédé diversement mais parce qu'ils convenaient dans les fondements de l'Art, ils sont parvenus à la fin désirée. Car les uns avec de grands travaux ont tiré du mercure coagulé du régule de l'antimoine, sa quintessence, et par ce moyen ils ont réduit à l'acte le mercure de l'antimoine : d'autres ont considéré qu'il y avait une quintessence uniforme dans les autres minéraux, comme par exemple, dans le soufre fixe du vitriol, ou de la Pierre d'Aimant, desquels ils ont tiré la quintessence, avec laquelle ensuite ils ont mûri et exalté leur ciel (antimonial) et l'ont réduit à l'acte ; leur opinion est bonne, et pour cela elle a eu son effet. Cependant ce feu et cette vie corporelle qu'on cherche avec tant de peine, se trouve bien plus facilement et en une plus haute perfection dans le mercure vulgaire ; ce qui paraît par sa fluidité perpétuelle qui marque qu'il y a en lui un feu très puissant et une vie céleste (semblable à celle qui est cachée dans le régule de l'antimoine). Or qui voudra exalter notre ciel métallique (étoilé) et le mener à sa grande perfection, et réduire en acte ses vertus potentielles, il faut premièrement qu'il tire du mercure vulgaire la vie corporelle qui est un feu céleste, c'est-à-dire la quintessence de l'argent-vif, laquelle est le vinaigre métallique : ce qui se fait en le dissolvant (comme on l'a enseigné) dans l'eau qui l'a produit et qui est sa propre mère, c'est-à-dire la dissoudre dans l'Arcane du sel qu'on a décrit et le mêler avec l'estomac d'Anthion, qui est l'esprit du vitriol, et dans ce menstrue dissoudre et digérer le mercure coagulé de l'antimoine (le régule), le digérer, dis-je, dans ladite liqueur, et enfin le réduire en cristaux d'un vert jaunâtre desquels nous avons parlé dans notre manuel.

L'on peut voir par ce que nous venons de lire, que le Philosophe qui a pris le nom de *Philalèthe*, qui a écrit dans le siècles précédent, qui a suivi Paracelse dans son Livre qui a pour titre *la porte ouverte du Palais Royal*, au lieu d'éclaircir ce mystère, l'a obscurci autant qu'il l'a pu par des noms et par des termes que l'on sait de Dragon igné ; c'est ce qui peut lui faire mériter la malédiction que Geber donne à ceux qui l'ont précédé, disant qu'ils ont laissé au monde non une science, mais un Art diabolique.

Mais revenons à Paracelse lequel ayant cité son Livre du Manuel, je crois a propos de voir ce qu'il en dit dans sa pratique, pour en avoir quelque autre lumière ; laissant à part le reste qui n'est qu'incertitudes, ou bien théorie et réflexions.

Prenez, dit-il, l'électre minéral non encore mur (l'antimoine), mettez-le dans sa sphère dans le feu avec le fer ; pour en ôter les ordures et autres superfluités, et purgez-le autant que vous pourrez suivant les règles de la

ABRÉGÉ DE LA DOCTRINE DE PARACELSE

Chimie, afin qu'il ne souffre point par lesdites impuretés (faites le régule avec le mars comme dessus); cela fait, faites-le dissoudre dans l'estomac d'autruche (le vitriol) qui naît dans la terre, et qui est fortifié par sa vertu par l'aigreur de l'aigle (le vinaigre métallique ou essence de mercure, le grand circulé); lorsque l'essence est consommée (dissous) et qu'après sa dissolution il a pris la couleur de l'herbe qu'on appelle *calendule*; n'oubliez pas de le réduire en essence spirituelle lumineuse (cristalline) qui est semblable au succin ou ambre jaune. Après cela ajoutez-y de l'aigle étendue (le circulé susdit) la moitié du poids qu'avait l'électre avant sa préparation, et cohobez souvent l'estomac d'autruche dessus la matière, et de cette manière l'électre (le régule) devient toujours plus spirituel. Quand l'estomac d'autruche est affaibli par le travail de la digestion, il faut le fortifier et distiller souvent et cohober. Enfin quand il a perdu toute l'acrimonie, ajoutez la quintessence tartarifée qui surnage de quatre doigts afin qu'il perde toute l'acrimonie, et qu'il s'élève avec-elle. Réitérez cela tant de fois, jusqu'à ce qu'il devienne blanc, et cela suffit; car vous verrez-vous même comme peu à peu il s'élève en forme d'aigle exaltée et avec peu de peine il se convertit en sa forme (en forme de mercure sublimé) et c'est ce que nous cherchons pour notre médecine. Avec cette matière ainsi préparée, vous pourrez en user pour un grand nombre de maladies: vous pourrez aussi le convertir en eau, en huile, ou en poudre rouge, et vous en servir en tout ce qui regarde la Médecine.

Je vous dis en vérité qu'il n'y a pas de remède plus grand dans la Médecine que celui qui gît dans cet électre, et qu'il n'y en a pas un semblable dans tous le monde, etc., mais afin de ne me point détourner de mon propos, et ne pas laisser cet ouvrage, imparfait, observez la manière dont vous devez opérer.

L'électre étant donc détruit, comme on l'a dit, pour parvenir à la fin désirée (qui tend à en faire une Médecine universelle tant pour les corps humain que métalliques); prenez votre électre rendu léger et volatil par la méthode enseignée ci-dessus.

Prenez-en autant que vous en voudrez pour le réduire à sa perfection; et mettez-le dans un œuf philosophique de verre, et scellez-le très bien, afin que rien ne respire; mettez-le dans l'athanor autant de temps, jusqu'à ce que sans aucune addition et par lui-même il se résolve en liqueur, de manière que dans le milieu de cette mer il paraisse une petite Île, laquelle tous les jours, diminue, enfin et que tout soit converti en une couleur noire comme de l'encre. Cette couleur est le corbeau ou l'oiseau qui vole la nuit sans ailes, et lequel par la, rosée céleste en s'élevant, retombe continuellement par une continuelle circulation, se change en ce qu'on appelle la tête de corbeau, laquelle se change ensuite dans la queue du paon, et ensuite prend la couleur

ABRÉGÉ DE LA DOCTRINE DE PARACELSE

des plumes du Cygne, et enfin acquiert une extrême rougeur, qui marque sa nature ignée, et en vertu duquel il chasse toutes sortes d'impuretés et donne de la force aux membres débiles. Cette préparation, suivant tous les Philosophes, se fait dans un seul vaisseau, dans un seul jour, avec un feu égal et continuel, et cette Médecine qui est plus que céleste guérit toutes les infirmités, tant des corps humains que métalliques ; c'est pourquoi personne ne peut entendre ni parvenir à un tel Arcane sans le secours de Dieu : car sa vertu est ineffable et divine.

Sachez aussi qu'il ne se peut pas faire une parfaite dissolution de votre électre, qu'auparavant, tout le cercle des sept sphères ne soit révolu ; c'est pourquoi prenez bien garde à la préparation, car sans elle il ne se peut pas faire la dissolution dans l'œuf philosophique, et servez-vous de l'Arcane tartarisé pour ôter les superfluités qui sont attachées à votre électre détruit et clarifié ; mais sachez qu'il ne restera rien de l'Arcane du tartre, mais seulement il faut procéder avec lui suivant, le nombre de temps ; c'est par ce moyen que dans l'œuf philosophique, par la vapeur du feu, il se résoudra tout seul en eau gluante, qui d'elle-même se coagulera par la digestion, et vous fera voir toutes les couleurs du monde, et enfin l'extrême rougeur. Il ne m'est pas permis de parler ou discourir davantage de ce mystère, Dieu l'ordonnant ainsi, car cet Art est véritablement un don de Dieu, et c'est de lui qu'il faut l'attendre : c'est pourquoi tout le monde ne peut pas le comprendre, et Dieu le donne à qui il lui plaît, et personne ne peut l'extorquer de lui.

Il faut, dit Paracelse, que je dise aussi quelque chose de l'usage de cette Médecine. Je dis donc que la dose est en si petite quantité, qu'il est incroyable, et qu'il ne faut la prendre que dans du vin ou en semblables liqueurs convenable à la personne et à la maladie, mais toujours en petite quantité, à cause de sa force céleste, etc., l'on dira peut-être que j'ai écrit de manière que cela ne peut pas servir de beaucoup au Lecteur qui voudrait apprendre à fond ce grand secret. Je réponds qu'il ne faut pas jeter les perles devant les pourceaux. Dieu donnera le reste et toute l'intelligence à qui il voudra. Je n'écris ceci que pour le commencement ; il faut que l'Artiste cherche le reste, et qu'il le trouve.

L'on peut voir par cet aveu de Paracelse que non seulement dans son manuel il cache les matières desquelles il a parlé clairement dans la clef, qui a été longtemps sans paraître au public ; mais il ne dit pas la moitié de ce qu'il faut faire cependant pour donner plus de clarté à cette préparation de l'antimoine, j'ajouterai ce qu'il en dit dans sa Chirurgie.

Voici la recette qu'il en donne : prenez l'antimoine (le régule) réduit en extrême subtilité, réduit en vitriol par l'Arcane du sel et du mercure, réverbérez-le dans un vaisseau bien fermé pendant un mois suivant l'Art, moyennant lequel on peut abréger le temps, et il deviendra volatil léger, en premier lieu noir, après blanc, ensuite jaune, et enfin rouge, et en continuant le feu, il sera couleur de violette.

De cet antimoine il a séparé la teinture avec l'esprit de vin (mêlé avec l'essence douce du sel) c'est cet extrait qu'il appelle *la noble, et divine teinture du Lili*, bien différente de celles que les Apothicaires vendent sous le nom de *Lili* ou *Lilium*.

Et il se sert de cette teinture, tant extérieurement pour les blessures qu'il guérit en vingt-quatre heures, comme il le dit dans les Archidoxes, comme aussi pour prendre intérieurement pour grand nombre de maladies.

Pour donner une plus grande lumière à la composition de la Pierre, suivant Paracelse je mettrai ici ce qu'il dit dans la clef, où l'on verra que pour l'entière perfection de cette Pierre il faut ajouter de l'or préparé philosophiquement; voici ses paroles les plus importantes, et en abrégé.

Du grand composé ou grand Œuvre chap. 8, et 9

D'autant que dans les Parmires et dans mes autres Livres, j'ai assez parlé de la théorie de ce grand composé, je parlerai ici plutôt de la pratique, c'est-à-dire de quelle manière on doit composer, et unir le soleil avec le ciel (le régule étoilé qu'il appelle ciel) ou si vous voulez comme il faut unir le ciel avec sa terre (céleste du soleil).

Mais parce que ci-devant j'ai enseigné la préparation du ciel (du régule étoilé), et que je l'ai enseigne fous le nom de l'Arcane de la Pierre, je n'en parlerai point ici; et d'autant que ledit régule tout seul ne peut être de grande utilité pour le corps humain, comme la seule semence de l'homme ne peut rien produire sans celle de la femelle, de même la matière dudit Arcane ne peut influer que ce qu'il y a en soi de céleste, c'est-à-dire influer sur l'humeur radicale et restaurer le baume de la vie; c'est pour cela qu'il faut l'unir avec sa masse terrestre, (le soleil terrestre) et l'unir avec elle, afin que la masse charnelle de l'homme soit entièrement confortée, et que non seulement un membre, mais tout le corps soit rétabli en santé parfaite.

Il faut donc prendre une telle substance corporelle qui soit égale en nature au soleil supérieur, et qui contienne en soi les propriétés et perfections de tous les autres astres souterrains, c'est-à-dire de tous les minéraux de qui on peut tirer l'essence qu'on appelle *astre* d'un tel corps, parce qu'elle est incorruptible comme les astres; cette essence du ciel coagulée, c'est-à-dire le soleil réduit en son essence, est si exaltée dans son élément tempéré des quatre qualités, qu'elle retient avec soi sa propre demeure, c'est-à-dire les éléments superflus et impurs, de manière que ni les uns ni les autres ne peuvent pas être détruits et surmontés par aucun élément et que l'habitant (l'essence de l'or), qui est un baume corporel très fixe, qui est caché dans ce corps de l'or est éternel et incorruptible. Si vous voulez donc, comme on l'a dit, guérir en effet tout le microcosme humain, il faut joindre ce baume corporel et fixe au baume spirituel et volatil du baume céleste de l'antimoine et de l'argent-vif qui le tire, et pour cela il faut mettre discorde entre les éléments qui composent l'or, de manière que les éléments superflus qui sont dans l'or, puissent être séparés de l'élément prédestiné et fixe qui est son essence séminale, afin qu'il reste seul, sans une si mauvaise compagnie, éternel et fixe ; si ensuite ce corps mort du soleil est nettoyé de ses superfluités, et qu'il soit réduit en une nature spirituelle et volatile, alors vous aurez le véritable mercure sublimé et résolu du soleil dans sa perfection ; bien différent de ce soleil horizontal que les Charlatans vantent et vendent aux Idiots.

Chap. IX. Du Baume corporel ou Mercure du soleil

Pour mettre la discorde entre les éléments plus et impurs du soleil, il faut que vous mettiez ce corps solaire en une forte dissolution avec un feu flegmatique qui est la quintessence du tartre (non commun, mais mercuriel) et qu'il y demeure dans sa propre chaleur. Par cette quintessence du tartre philosophique, l'élément de l'air s'augmente fort dans le composé du soleil, et par cet air qui attaque l'élément fixe du soleil, et qui est comme son propre feu, il est tellement gradué en qualité, qu'il peut vaincre et surmonter les autres éléments et les détruire, et séparer de lui (de l'élément prédestiné qui est l'essence).

Putréfiez encore ce corps détruit avec la quintessence du tartre et l'autruche, et par sa propre sublimation, convertissez-le en matière de mercure ; par ce moyen restera l'élément mercuriel du soleil seul et hors de sa maison. Mais d'autant qu'il est encore mêlé avec son tartre superflu, c'est pour cela qu'il l'en faut séparer. Dissolvez le donc dans l'eau du sel circulé, corrompez-le, le tartre se précipitera au fond, sublimez ce qui est pur dans l'athanor dans un réverbère bien bouché, dissolvez sur le marbre et putréfiez encore. De cette manière vous aurez le mercure sublimé du soleil exalté et réduit en sa première matière (pure) solaire, résoute et exaltée au souverain degré.

ABRÉGÉ DE LA DOCTRINE DE PARACELSE

Chap. X. de composition du Baume spirituel de l'antimoine et du Baume coagulé du soleil

Ainsi que le l'ai dit cette grande composition se doit faire dans un Œuf philosophique, et ainsi nous mettons fin à ce grand Œuvre.

Voila le grand composé ou Œuvre de Paracelse dans la description duquel comme il a caché les matières sous d'autres noms, que le bon Philosophe connaîtra facilement (particulièrement étant instruit par tout ce qu'on a dit dans les Archidoxes) il est à croire aussi que dans la pratique il a omis beaucoup de choses nécessaires, ou ajouté d'autres qui non seulement peuvent être inutiles, mais dangereuses. Il nous met seulement dans le chemin, et il laisse au bon jugement de celui qui est bon Philosophe et qui a de l'expérience, de le bien conduire au lieu et t à la fin qu'il s'est proposée. Je pourrais peut-être éclaircir quelque lieux obscurs et nommer les matières ; mais de crainte d'induire le Lecteur en erreur, je me désiste, et je ne laisse à son bon jugement qu'à les démêler.

Je me renferme à faire remarquer deux choses, que ce grand homme nous insinue en peu de mots, afin de détromper ceux qui croient que l'Or est une substance homogène, et tout-à-fait pure ; ce qui est contraire à ce que tous les bons Philosophes Chimistes nous assurent, et à la raison ; car tous les mixtes sans exception sont composés de deux substances, c'est-à-dire d'âme et de corps ; l'on a dit et démontré que leur quintessence est leur âme et leur semence, de laquelle les Philosophes ont parlé très obscurément, hormis Paracelse. Le corps qui est comme la maison et la demeure de cette âme ou l'essence séminale, est une terre et une eau qui sont plus ou moins subtiles, selon la nature du composé. L'or donc a comme les autres choses son essence séminale pétrie, pour ainsi dire, avec une terre et une eau très subtile et minérale ; mais l'essence du soleil est si fixe, dit Paracelse, elle est si tenante, et si glutineuse qu'elle conglutine et retient fortement avec elle les autres éléments superflus et impurs ; de sorte que le feu qui détruit et décompose tout ne pouvant pas pénétrer et séparer les parties glutineuses et essentielles de l'or, il ne peut pas emporter non plus ou détacher les autres éléments impurs qui sont collés et mastiqués (pour ainsi dire) ensemble dans les plus petites parties ; de manière que le corps impur est retenu au feu par le pur, qui est l'essence glutineuse. Il n'y a donc qu'une seule essence plus humide de la même nature que l'essence de l'or, mais plus subtile et aérée, qui se joignant à l'essence de l'or, puisse les pénétrer et séparer des éléments ; mais notez que quoique l'on dise que les parties impurs de l'or sont fort grossières, cela se doit entendre en comparaison des particules de son essence qui sont aussi subtiles que la lumière du soleil, de manière que quand on dit que le corps impur de l'or est grossier, cela se doit entendre en comparaison de l'essence car d'ailleurs ce corps grossier doit être considéré comme fort subtil en comparaison des autres choses.

Cette connaissance nous mène à connaître quelle est la nature da vif-argent, lequel quoi qu'il soit composé d'une âme pure et céleste, et d'un corps impur et terrestre comme les autres mixtes, cependant difficilement on peut en séparer ses superfluités grossières ; car si vous les mettez au feu, au contraire de l'or qui retient avec lui son corps, l'essence du vif-argent qui est extrêmement subtile et volatile emporte avec elle son corps, et ils s'enfuient ensemble, de manière qu'on le trouve toujours le même ; car le corps du vif-argent est aussi d'une très grande subtilité aérienne, et mêlé intimement avec l'essence du vif-argent, il s'en vole avec l'essence. Comprenez donc que le corps impur a toujours quelque ressemblance avec la nature de l'élément pur et prédestiné.

Ce qui doit nous faire connaître que l'essence interne du vif-argent est si subtile et si subtilement mêlée avec un eau et une terre très subtile, que lorsque l'essence sent le feu, étant de nature aérienne, elle le dilate en vapeurs, et comme elle est parfaitement pétrie avec toutes les parties de son corps qui sont très subtiles, comme elle, l'âme mercurielle emporte le corps avec elle, par l'étroite union qu'elles ont ensemble, comme Geber le dit en parlant des parties soufreuses et de l'eau claire qui composent ce mixte qu'on appelle *vif-argent* ; affirmant qu'elles sont d'une composition, très subtile, qu'elles sont très fortes et tenantes ensemble, et que difficilement on peut séparer l'une de l'autre.

Or comme Paracelse nous montre que pour faire la séparation de l'âme essentielle du corps pur et accidentel, il faut *un feu flegmatique qui se joigne à l'élément de l'air et du feu*, qui forment l'essence du soleil, afin que par ce feu humide aérien qui prédomine dans le composé, on le puisse corrompre, en conservant la nature spécifique de l'essence séminale aurifique. De même il faut introduire dans la substance du mercure une humidité gluante, mais très subtile de sa propre nature, afin que par ce moyen on puisse corrompre et séparer les éléments impurs de ceux qui sont purs ; bien entendu que cette substance qu'on introduit dans le vif-argent soit aussi de sa nature, afin que son essence séminale ne soit point gâtée, altérée ou éloignée de la nature métallique, mais quelle sorte de son corps impur avec la pureté de cette âme céleste qui peut pénétrer tous les corps métalliques et les corrompre avec la conservation de leur essence spécifique et séminale qui peut se multiplier à l'infini, comme celle des plantes et des animaux, ainsi que le savent les

ABRÉGÉ DE LA DOCTRINE DE PARACELSE

Artistes Philosophes, et que le Cosmopolite entre autres nous le montre assez distinctement dans ses douze Traités. Car pourquoi dit-il, Dieu aurait-il privé les métaux de semence multiplicative ? ils l'ont comme les autres choses, elle est donc enfermée étroitement dans leur corps, et ils ne peuvent pas la mettre dehors.

Ces choses que le seul Paracelse nous a enseignées avec toute la clarté possible et convenable à cet Art, étant supérieures à toutes les autres, doivent être bien examinées par un Physicien de pratique, et méritent aussi qu'avec la reconnaissance convenable nous accordions à ce grand homme le titre qu'avec raison il s'est attribué, de *Monarque des Arcanes de la Philosophie chimique*. Il ne déclare pas tous les mystères de la pratique de l'art ; car cela serait le profaner, et ce serait renverser l'ordre des choses ; mais du moins il a mis les curieux de cette science dans un si bon chemin, que les bons esprits, fondés sur les principes de la bonne philosophie, en connaissant les véritables matières, et corrigeant leurs erreurs, pourront avec du travail et de la peine parvenir au moins à faire des Médecines excellentes et précieuses, et pourront enfin après beaucoup d'expériences parvenir encore à des choses plus grandes pour la métallique.

Ce que j'ai fait n'a été que d'exposer sa doctrine avec plus d'ordre et de clarté, pour faciliter aux Curieux l'intelligence des choses que les autres n'ont mis que très obscurément ; laissant à la postérité, comme dit Geber, une recherche diabolique. Qu'ils soient donc maudit éternellement, ajoute Geber, et je mérite aussi de l'être si je ne corrige pas leurs erreurs : car cette science n'a besoin d'être absolument cachée, ni d'être tout fait manifestée c'est ce que Paracelse a fait ; les vrais Physiciens lui en sauront gré sans doute, et à moi peut être, qui en ai facilité l'intelligence.

*De l'ouvrage de la Pierre philosophale des Anciens
faite avec le seul vif-argent, soit par la voie qu'on
appelle sèche, et par la voie humide*

Il est constant que la Pierre des Philosophes se peut faire avec le seul argent-vif, mais cet ouvrage est fort difficile et fort long. Il est constant aussi que plusieurs Philosophes disent que la Pierre est composée d'une seule et unique matière, qu'elle se fixe d'elle-même, et qu'on n'y ajoute rien d'étranger ; et quoi que l'or ne soit point étranger au vif-argent, et qu'on puisse dire que c'est une énigme des Auteurs qui parlent ainsi ; je pourrais démontrer que l'on n'ajoute l'or à la Pierre faite du seul argent-vif, que pour le fermenter, et afin de rendre la Pierre susdite parfaitement fixe : mais comme il fau-

ABRÉGÉ DE LA DOCTRINE DE PARACELSE

drait rapporter les passages des Auteurs, et que j'ai en vue la brièveté, ceux qui lisent les Philosophes Chimistes connaissent bien que je n'avance rien qui ne soit vrai.

J'avertis seulement ceux qui étudient, que nos Philosophes ayant opéré diversement et chacun ayant parlé de ce qu'il avait fait, on croira qu'ils se contredisent les uns les autres, si l'on ne distingue pas leurs divers ouvrages ; ce qui doit servir d'avis pour accorder les diverses contradictions apparentes des Auteurs, desquelles Théobaldus de Hoghelande a fait un long Traité qu'on a inséré dans le premier volume du Théâtre chimique, qui prouve que les difficultés qu'il y a dans la Chimie pour trouver les moyens de faire la Pierre, viennent de la discorde des Auteurs qui en ont traité, lesquels outre leurs énigmes et paraboles, ne conviennent pas des moyens pour y parvenir ; ce qui, comme je l'ai dit provient des manières diverses dont chaque Auteur opère, comme aussi de ce qu'ils ont employé des manipulations diverses ; car quoique les matières au fond ne soient qu'argent-vif, néanmoins elles sont diverses par les accident.

Il y a apparence que la Chimie a eu le sort de tous les autres Arts et Sciences, qui peu à peu se sont perfectionnés, et même rendus plus faciles. Paracelse en touche quelque chose, en disant que les Anciens avaient fait la Pierre avec de grandes fatigues et travaux ; en effet si on voulait la faire avec le seul mercure, et de la manière que Geber le Maître des Maîtres, nous l'indique au chapitre de la Médecine du troisième ordre, il faudrait une peine et une assiduité très grande, sans compter le danger de la fracture des vaisseaux. C'est apparemment l'ouvrage des Anciens qui n'avaient envisagé que la simple fixation du mercure par un feu violent, après laquelle fixation ayant trouvé que cette matière n'avait ni fusion, ni ingrès dans, les corps métalliques, ils furent inspirés (car tout vient du ciel) de tenter l'incération avec du nouveau vif-argent non fixe, et enfin de fermenter cette Pierre avec l'or ; et voilà en peu de mots comme Geber nous l'a dit.

Il faut, dit-il, prendre la très pure substance du vif-argent et en fixer une partie, et garder l'autre partie pour en imbiber la partie fixe, jusqu'à ce qu'elle prenne vie et que le tout se sublime réitérant les sublimations tant de fois jusqu'à ce que le volatil se fixe de nouveau, imbibant encore, volatilisant, et fixant plusieurs fois : car de cette manière, cette médecine précieuse par les imbibitions et fixations réitérées, acquiert toujours des degrés nouveaux de perfection et de subtilité ; de sorte qu'un poids ira sur cent, après sur mille, et en réitérant sur dix et sur cent mille, et à l'infini.

Néanmoins Geber lui-même indique que pour abréger cet ouvrage, non moins pénible que long, on peut se servir d'un mercure déjà fixé et perfec-

ABRÉGÉ DE LA DOCTRINE DE PARACELSE

tionné par la nature, c'est-à-dire du corps de l'or ; mais qu'auparavant il faut atténuer cet or et quoi qu'il ne dise pas entièrement tout ce qu'il faut faire, il nous montre au moins la voie.

Il semble aussi que Paracelse lui même dans son cinquième Livre des Archidoxes, parle de cette manière de faire la Pierre. Au nom de Dieu, dit-il, prenez le mercure ou l'élément du mercure (la quintessence) et séparez le pur de l'impur, réverbérez-le jusqu'à la blancheur, après l'avoir fixé (sans quoi on ne peut le réverbérer) sublimez-le ensuite avec le sel armoniac (c'est-à-dire avec la même matière du mercure qui est son harmonie et concordance, comme dit Lulle) et cela tant de fois, qu'il se résolve de nouveau ; calcinez-le encore, et faites le résoudre de nouveau faites-le digérer dans le pélican, afin qu'il se coagule en forme de corps : alors il n est plus combustible, et rien ne le peut consommer ni altérer sa nature.

Cette manière de faire la Pierre revient à peu près à celle que Geber nous donne mais nous avons déjà vu ci-dessus que Paracelse avait des manières plus sûres et plus faciles, lesquelles sont peut-être fort différences de celles de ses prédécesseurs, et qui étant plus parfaites et plus sûres, ce n'ai pas sans raison qu'il avait formé une nouvelle école, et qu'il s'était arrogé le titre de *Monarque des Arcanes*.

Non seulement Paracelse avait trouvé une manière différente de faire la Pierre, la composant de la quintessence de l'antimoine et de la quintessence de l'or, et de la quintessence du vif-argent qui était le médiateur et l'instrument pour tirer l'un et l'autre quintessence ; mais Basile Valentin se servait aussi de la quintessence du mars et de vénus pour exalter la teinture de l'or, et de la quintessence du mercure qu'il appelle *esprit de mercure*, qui est toujours le moyen et l'instrument pour extraire les âmes métalliques, et sans lequel il assure comme les autres, que l'on ne peut rien faire. Voyez son Livre des sept teintures, où en parlant du mercure, il dit que sans l'esprit du mercure, on ne peut rien faire, et qu'il est la clef de toutes tes autres clefs.

Raymond Lulle, avant ceux-ci, avait fondé aussi une école qui fut soutenue par de grands hommes, comme Rupercissa, Ch. Parisinus, Riplée, et plusieurs autres ; mais quasi tous, hormis Paracelse, ont caché avec grand soin cette clef qui ouvre tous les métaux, et en tire leur âme ou quintessence. Il a fait plus : c'est qu'il nous a montré une partie des moyens pour avoir cette quintessence ou esprit de mercure par la quintessence du sel : il nous a montré aussi une manipulation de l'un et l'autre Arcane ; et quoi qu'il ait omis beaucoup de choses, et qu'il ait même en quelques endroits déguisé les noms de certaines matières nécessaires ; il serait très condamnable s'il avait fait autrement.

Comme la doctrine de Paracelse m'a paru non seulement mieux fondée en

ABRÉGÉ DE LA DOCTRINE DE PARACELSE

principes physiques mais encore plus claire et plus instructive et même plus facile, et plus universelle, embrassant toutes les Médecines qui le peuvent tirer des végétaux, animaux ou minéraux, tant pour les médecines des corps vivants, que des corps métalliques ; c'est pour cela que je me suis attaché à la mettre d'une manière que le Lecteur puisse l'entendre plus facilement ; il pourra aussi consulter ses Livres, à l'intelligence desquels je crois que cet écrit donnera beaucoup de lumières.

Qu'on s'attache donc à l'extraction des essences végétables et animales pour remédier aux maladies du corps humain, le ressouvenant que Paracelse dit que l'expérience nous montre, que chaque chose à ses propriétés particulières. On peut encore former des Élixirs qui sont bons plusieurs maladies diverses, que l'on fait en mêlant plusieurs de ces quintessences ensemble, et les faisant digérer, afin qu'elles se purifient et se communiquent réciproquement une vertu plus grande et plus étendue. Mais comme dans les Élixirs que Paracelse nous donne, il y a ordinairement la quintessence, ou de l'or, ou du mercure, ou de l'antimoine, cela fait que ces élixirs ne sont faisables que par les enfants de cet Art, quoi qu'il soit vrai aussi qu'ils excellent sur les autres.

Si le Lecteur n'est pas content des Médecines médiocres et plus faciles, qu'il aspire à des choses plus grandes, et plus difficiles, qu'il s'applique à l'extraction des quintessences des métaux ou des marcassites, dans lesquels Paracelse dit qu'il y a autant de vertus que dans les métaux mêmes (hormis l'or.)

Qu'on s'applique à l'extraction des essences des sels sans lesquels lui-même vous dit que vous ne pouvez pas avoir l'essence et l'âme des métaux, ni celle du vif-argent qui et la véritable clef des corps métalliques, et le vrai sel armoniac qui concorde avec la nature métallique interne, laquelle quintessence du mercure étant astrale et pure, et pénétrant les métaux, ne tire avec soi que la chose qui lui ressemble, c'est-à-dire l'astre et l'essence pure du métal auquel se joint.

Paracelse se sert, pour les extractions de l'âme des métaux et du mercure, en particulier de la quintessence du sel commun préférablement à tout autre, parce que le sel marin est le principe et la source de tous les autres sels, et que le vif-argent lui-même est une eau visqueuse qui a affinité avec le mercure visqueux du sel : mais on peut se servir aussi, à mon avis, de l'essence de quelque autre sel.

Les métaux étant formés de vif-argent coagulé par le soufre et par l'essence saline qui abonde dans tous les corps des minéraux, l'essence du sel ne leur est pas tout-à-fait étrangère ; mais celle du mercure leur est très prochaine, de manière que celui qui veut réincruder et corrompre les corps métalliques et conserver l'espèce métallique qui est mercurielle, ne doit et ne peut le servir

ABRÉGÉ DE LA DOCTRINE DE PARACELSE

d'autre essence que de celle qui leur est très proche, c'est-à-dire de l'essence du vif-argent, qui est une humidité métallique, et qui seule peut putréfier ces corps secs ; sans quoi on ne peut séparer le pur de l'impur ; ce qui est si évident et ce que j'ai démontré si clairement, qu'à moins de vouloir être obstinément fixe dans les préventions, on ne peut pas en douter, pour peu qu'on ait quelque teinture de Physique et un peu de pratique des manipulations chimiques, et de la nature des métaux.

Que ceux qui travaillent et qui désirent de parvenir au sublime de cette science véritablement divine, puisque Dieu l'a inspirée aux hommes par sa seule bonté, il faut nécessairement que s'ils tendent au sublime de cet Art qui est la Pierre philosophique ; il faut, dit-je, qu'ils croient aux Philosophes, et à la unité qu'ils leur crient à grande voix, *qu'ils laissent à part, pour ce grand œuvre, les natures végétales et animales*, et comme dit Pythagore dans la Tourbe, *qu'ils prennent nature métalline* ; car il n'y a que les choses minérales et métalliques qui conviennent et qui aient quelque rapport aux choses minérales et métalliques.

Qu'ils ne prennent pas les corps impurs de ces choses, mais leurs âmes pures, c'est-à-dire leurs quintessences ; car des corps impurs, quand mêmes ils seraient métalliques, il n'en peut pas venir une chose qui purifie les corps impurs et qui puisse les réduire à la plus haute perfection. Il faut donc que la Médecine soit formée d'une matière poussée au plus haut degré de pureté et de perfection, telle qu'est la quintessence de l'or et du vif-argent, afin qu'elle puisse communiquer abondamment la perfection aux corps que les autres n'ont pas.

Voilà ce que tous les Philosophes qui ont écrit de cet Art nous enseignent assez clairement ; mais ils nous ont fermé la porte, d'autant qu'ils ne nous enseignent pas les moyens d'opérer.

Le seul Paracelse nous a montré le chemin d'y parvenir ; mais il faut cheminer et ne pas s'arrêter ; il faut travailler et faire effort d'esprit, sans quoi il ne faut pas espérer d'obtenir cette toison d'or.

Il faut donc se souvenir de ce que j'ai dit ci-dessus, qu'il y a plusieurs manières de faire la Pierre, mais que toutes reviennent à la même. La matière est unique en substance, mais on peut la prendre en divers corps métalliques ; la manipulation tend à la même fin, mais elle peut être différente, suivant les lumières ou l'habileté de l'Artiste. La plus part de ceux qui ont écrit, ont caché ou déguisé l'une et l'autre, plus ou moins, suivant la bonté ou la malignité de leur cœur. Raymond Lulle a déguisé la matière sous le nom de vin ; mais il a beaucoup parlé et même assez ouvertement de la manipulation, ce qui a fait que plusieurs ont travaillé sur le vin et sur son esprit rectifié, sur le tartre du vin, sur l'urine des jeunes gens qui boivent du vin, et autres semblables choses ; mais sans aucun fruit parce que comme nous l'avons dit, la nature végétale ou animale n'a aucune relation de nature avec la métallique. Raymond ne parle du vin et de son tartre que par similitude, (car il faut encore développer cet énigme) ; ce grand Philosophe prend la matière de la Pierre, et il en compose son menstrue puant duquel il sépare une liqueur blanche et rouge, qu'il appelle vin blanc et vin rouge ; il en sépare aussi un esprit, qu'il appelle esprit de vin, et il reste au fond des distillations une terre noire et fixe, qui, ayant quelque ressemblance au tartre de vin, il lui donne ce nom ; mais il dit que le tartre de ce vin est plus noir que le tartre noir qui provient du raisin noir de Catalogne ; et c'est pour cela qu'il l'appelle le noir plus noir que le noir, *recipe nigrum nigrius nigro* ; il prend donc cette terre noire calcinée auparavant comme le tartre commun, et l'imbibant de l'esprit de ce vin, ou bien du même qui est encore meilleur, il en forme encore un tartre volatil, qu'il appelle *sel armoniac végétable*, à cause, comme on l'a dit, que ce sel fait harmonie et concordance avec la nature métallique, et qu'il fait végéter l'or et l'argent. De ce menstrue puant, et du vin qu'il tire par la distillation, et du sel armoniac végétable qui vient de ce tartre, il fait toutes les opérations qu'on lit dans les expériences et dans le Livre de la quintessence et plusieurs autres : Rupecissa son élève a amplifié encore ces choses dans son Livre de la quintessence, et il a suivi la méthode de son Maître et ce déguisement fait que ceux qui commencent à étudier cet Art dans leurs Livres n'entendront pas facilement leur pratique, sans ce petit avertissement que je leur donne, faute de quoi plusieurs ont fait de grandes dépenses dans le vin et dans le tartre, comme le bon Trévisan le dit de lui-même.

Je pourrais en dire d'avantage, si je ne craignais pas d'ennuyer le Lecteur. D'ailleurs il ne faut pas trop en dire, et il faut laisser quelque chose à faire à ceux qui s'appliquent à cette science, leur donnant lieu de lire les Auteurs et de les méditer. Qu'on lise donc et qu'on médite Paracelse, qui fera entendre plus facilement Raymond Lulle et ceux de son école, qui ont écrit beaucoup de la pratique, laquelle revient au fond à celle de Paracelse, et qui est un peu plus courte et plus facile.

Ce que j'ai pu faire dans ce Livre, cela a été de faciliter aux amateurs de cet Art l'intelligence des Auteurs ; et je puis dire que celui qui aura un peu de jugement et qui aura bien lu mon écrit, aura une très grande facilité pour entendre les Livres de nos Philosophes ; la plupart desquels ne nous parlent de cet ouvrage que lorsque les matières de la Pierre sont dans le vaisseau pour se cuire et former la Pierre, fermant par ce moyen la porte aux studieux, et leur cachant le commencement de l'ouvrage, sans lequel on ne peut rien faire.

ABRÉGÉ DE LA DOCTRINE DE PARACELSE

Quant à ceux qui ont écrit quelque chose de la pratique comme Raymond Lulle, et ceux de son école, comme aussi Basile Valentin et semblables, ils ont caché sous d'autres noms la matière de la Pierre, et même ils ont omis le plus important de la pratique. Paracelse les imite dans ces derniers points ; mais il a enseigné d'ailleurs tant d'autres choses importantes, que pour peu qu'on ait de l'esprit, et qu'on s'applique à expérimenter ce qu'il faut faire (car il ne faut pas croire, que tout d'un coup on parvient à ces désirs) en corrigeant les propres fautes, il parviendra enfin à la perfection de l'Art. Il faut donc avoir en premier lieu de bons principes, pour le choix des matières ; ce qu'à mon avis on ne peut mieux acquérir que dans les Livres de Geber, particulièrement dans la Somme de la perfection ; car c'est là où il connaîtra à fond la nature des métaux, et qu'il n'y a que la très pure substance de l'argent-vif qui soit propre à faire la Pierre, et qu'en quelque lieu qu'on puisse trouver cette substance très pure de l'argent-vif, qui est son esprit et sa quintessence, dans ce lieu est la matière de la Pierre. Or cette substance pure se peut tirer plus facilement et plus prochainement du même vif-argent, parce qu'il y a facilité de tirer plutôt de lui que d'un autre sa substance pure et subtile, d'autant qu'il a actuellement une essence subtile, et que, comme dit Paracelse avec Geber, il est un métal plus ouvert que les autres. L'on verra aussi que cette substance pure est plus prochaine dans l'or et dans l'argent ; mais elle n'est pas facile à extraire, parce que ces métaux sont fort resserrés, et que leur essence est fortement liée avec l'impur sec, et duquel il n'est pas si facile de la dégager. Après avoir bien pris ces bons principes de Geber, l'on peut lire avec attention les Livres de Paracelse, dont j'ai taché de faciliter l'intelligence, ceux-ci faciliteront l'intelligence de Raymond Lulle, de Basile Valentin et de ceux de leur école.

On, peut lire aussi comme un abrégé et un précis précieux de la science, l'Auteur du secret hermétique qu'on attribue à d'Espagnet, duquel on peut dire que les règles sont d'or.

Voilà ce que j'ai pu dire en faveur des studieux de cet Art ; ceux à qui cela ne plait point, à, cause qu'ils sont prévenus de leurs fantaisies et imaginations, n'ont qu'à le rejeter et s'en tenir à leurs opinions : j'ai fait mon devoir, m'en saura gré qui voudra.

Pratique de la voie humide Pour servir à la
confection de la Pierre

Les diverses pratiques pour faire la Pierre des Philosophes sont la même chose en substance, puisqu'elles mènent à la même fin.

ABRÉGÉ DE LA DOCTRINE DE PARACELSE

Mais quoique ces voies soient diverses; cependant on les distingue en deux principales, qu'on appelle la voie sèche et la voie humide, et chacune de ces voies, particulièrement l'humide, a diverses branches; la voie sèche est ainsi appelée parce qu'en la pratiquant on ne se mouille point les mains en touchant les matières philosophiques, et cette voie paraît consister dans l'extraction de la quintessence du vif-argent, à quoi on parvient par une dépuration parfaite; et on peut procéder sur lui en le fixant et imbibant pour le volatiliser et fixer encore comme Geber enseigne dans la Médecine du troisième ordre : ou bien pour abréger ou faciliter cette pratique en prenant l'or déjà fixe, et le joignant et amalgamant avec ledit vif-argent préparé, faire cuire dans un vaisseau de verre ce composé, le putréfier et faire passer par les couleurs; ainsi que tous les Philosophes enseignent.

La voie humide est celle dont la pratique enseigne à réduire le vif-argent en une eau mercurielle sans qu'il perde sa nature, de vif-argent; avec cette eau mercurielle acuée, de son sel, on réincrude le corps de l'or et de l'argent en peu d'heures, et faisant cuire avec ladite eau blanche ou rouge le corps parfait réincrudé, lequel passe aussi par les couleurs et en un temps plus court, et il s'exalte encore à une perfection plus grande.

Il est aussi à remarquer qu'avec cette eau l'on peut procéder en diverses manières, car c'est la clef de l'Art qui ouvre tous les corps métalliques.

Il n'est pas facile de distinguer de laquelle de ces deux voies parle l'Auteur que l'on lit; il y a peu d'Auteurs qui aient donné la pratique de cette eau mercurielle; et ceux qui en ont parlé, ils en ont donné la pratique comme il convient, c'est-à-dire cachant toujours quelque chose.

J'ai hésité longtemps à joindre ce traité au précédent : car à dire vrai, c'est prostituer l'Art et révéler nettement ce que les Philosophes ont caché avec tant de soin; c'est donner à une postérité ingrate les études et les expériences de plus de quarante ans.

Mais j'ai fait réflexion que la providence conduit les hommes comme il lui plaît; c'est pourquoi il en arrivera tout ce qu'elle voudra, et rien plus je crois donc que si elle a destiné quelqu'un à acquérir ce grand Art, elle permettra que cet écrit tombe entre ses mains, et lui donnera les lumières nécessaires pour suppléer à ce qui manque : quant aux autres cet écrit leur sera inutile par trois raisons, la première parce qu'il ne conviendra pas à leurs idées et aux préventions dont les Chimistes peu Philosophes sont pleins, 2° La plupart n'y entendront rien. 3° Et ceux qui y entendront quelque chose, ne comprendront pas tout le fin de L'Art et des manipulations nécessaires; quoiqu'à dire vrai, si l'on joint le précédent Traité à celui-ci, il y manque peu de chose; mais enfin le peu qui manque suffit pour tout manquer; et on ne peut pas décrire

ABRÉGÉ DE LA DOCTRINE DE PARACELSE

cet ouvrage (ainsi que Sendivogius le dit) comme si l'on enseigne à faire une tartre à la crème. Je suis donc convaincu que pour beaucoup cet ouvrage soit clair, il sera fort obscur à ceux qui ne seront pas bons Physiciens, et qui n'ont pas d'ailleurs une grande expérience ; car enfin ce n'est pas l'ouvrage des gens qui sont avides d'avoir de l'or, mais c'est l'œuvre d'un Artiste expérimenté et Philosophe, et surtout qui est destiné de Dieu à jouir de ce grand don. Je veux donner un exemple de cette dernière vérité. Le Célèbre Weidenfeld lequel, comme moi, a ramassé la plupart des enseignements, et des recettes des Philosophes, et dont les écrits m'ont beaucoup aidé : quoique ce Philosophe fût beaucoup plus savant et plus laborieux que moi ; cependant il est mort sans faire la Pierre : car manquant de faculté pour y parvenir avec commodité, son esprit, fut détourné à vouloir faire la multiplication du salpêtre en quoi il acheva de se ruiner, aussi bien que quelque autres de ses amis, auxquels il ne voulut jamais se confier pour faire le grand Œuvre. Peut-être aussi qu'il lui manquait quelque chose à savoir ; en fin moi-même depuis dix ans j'ai été détourné par des choses encore plus inutiles, de m'appliquer a cet ouvrage ; je cède donc à l'inspiration et à la volonté de Dieu, et a celle d'un de mes chers amis qui veut que je lui donne encore ce Traité pour le joindre au précédent de Paracelse, ce qui formera un ouvrage complet, et tel qu'on n'en a jamais vu un semblable. Mais remarquez une chose étonnante de la Providence ; cet ami est mort peu après l'avoir reçu, et n'a pu en profiter ; je le donne donc au public de bon cœur, et je souhaite que ceux entre lès mains desquels il pourra tomber quelque jour, en tirent tous les avantages que le père de la lumière accorde à ceux qu'il lui plaît d'illuminer.

Traité du Vitriol philosophique, de ses liqueurs blanche et rouge

Les Philosophes nous ont donné plusieurs recettes pour tirer l'essence de cette matière qu'ils appellent le *Lion vert*, et de plusieurs autres noms ; je les mettrai toutes ici afin de les comparer les unes avec les autres et en tirer plus de lumières ; car ce que l'un ne dit pas, l'autre l'explique ; et comme dit Geber le Maître des Maître, un Livre ouvre et éclaircit l'autre, d'autant que celui qui lui parle d'une chose qui lui est fort connue et familière, omet souvent quelque chose d'important, qu'un autre dit : laissant aussi de sa part quelque autre chose importante.

Mais il est à remarquer que tous les Philosophes qui ont parlé de cette opération, qui est la préparation de la seule et unique matière de la Pierre, nom seulement ils ont caché quelle était cette matière qu'ils ont nommée de toutes sortes de noms, mais ils ont aussi caché avec soin le commencement de

ABRÉGÉ DE LA DOCTRINE DE PARACELSE

la préparation : fermant ainsi l'entrée à tous les curieux de cet Art ; je tacherai néanmoins d'éclaircir ces deux points importants autant qu'il me sera possible ; disant ce que j'en pense.

Voyons auparavant ce que les Philosophes disent de ce premier ouvrage et de cette première préparation, dans laquelle comme j'ai dit, ils omettent encore le premier commencement, qu'ils laissent deviner sans l'enseigner ; et voici comme Riplée en parle, supposant que vous ayez préparé comme il faut la matière qu'il appelle *le Lion vert*.

Recette de Riplée in lib. accurtationum p. 333

Prenez le Lion vert sans le dissoudre avec le vinaigre, comme l'on fait ordinairement, et mettez-le dans une grande retorte de terre qui résiste bien au feu, et mettez-le à distiller comme si vous vouliez faire de l'eau-forte ; et commencez à donner le feu par degrés laissant distiller, et quand vous verrez paraître des fumées blanches, changez le récipient, et lutez bien, continuez à distiller à grand feu pendant vingt quatre heures comme si vous faisiez l'eau-forte, et si vous continuez le feu pendant huit jours, vous verrez toujours au récipient plus de vapeurs blanches, et de cette manière vous aurez le sang de Lion vend, qui est cette eau que nous appelons l'eau secrète, et le vinaigre très aigre, par lequel tous les corps des métaux sont réduits en leur première matière, et qui guérit toutes les infirmités du corps humain ; c'est notre feu qui brûle toujours, continuant de même dans le vaisseau de verre, et non pas dehors ; c'est notre fumier, notre eau de vie, notre bain, notre vendange, qui fait des merveilles dans les ouvrages de nature, qui examine par la pénétration tous les corps dissous et non dissout ; et c'est une eau aigre qui porte dans son ventre un feu ; c'est pourquoi on l'appelle *eau de feu*, car sans cela elle n'aurait pas la puissance de résoudre les corps dans leur première matière ; c'est notre mercure, notre soleil et notre lune, dont nous nous servons dans notre ouvrage ; vous trouverez dans le fond de la cornue des fèces noires que vous calcinerez pendant huit jours sur un feu lent.

Par toutes les merveilles que Riplée attribue à cette eau, je conjecture que le Lion vert n'et pas le vitriol commun, quoique le vitriol soit un demi minéral, qui est de couleur verte : et je croirais volontiers que le Lion vert est quelque chose de plus pénétrant et de plus proche à la nature des métaux, quoique cette eau peut les résoudre en leur première matière, avec la conservation de l'espèce, ce que l'huile de vitriol ne peut jamais faire de quelque minière qu'on le prépare, etc.

Voici une autre recette de Riplée, dans laquelle il dissout le susdit Lion vert, déjà préparé auparavant, et de laquelle préparation, ni lui ni personne ne dit mot, ou très légèrement; en dissolvant avec le vinaigre cette matière que je crois métallique, il en forme avant que de le distiller une espèce de gomme, ou vitriol philosophique et ensuite il le distille comme il s'ensuit.

« Prenez l'Adrop ; duquel nous avons parlé ci-dessus, et faites le dissoudre dans le vinaigre distillé, l'y laissant huit jours, agitant trois ou quatre fois par jour, et remuant le tout avec un bâton ; décantez la liqueur avec la dissolution, et filtrez-la trois fois, afin qu'il n'y ait point de fèces et jusqu'à ce que la dissolution soit claire et transparente comme le cristal ; ensuite par un feu lent faites évaporer le vinaigre jusqu'à ce que la matière devienne comme de la glue fort épaisse de manière qu'on ne peut pas, l'agiter par la viscosité ; et après que la matière sera froide conservez-la à part, et en faites encore d'autres (je crois en remettant encore du vinaigre sur ce qui n'a pas été dissout), faites donc tant que vous en ayez douze livres (je crois douze onces) de ce Lion vert ou Adrop réduit ainsi en forme de gomme. Alors vous avez la terre tirée de la terre et le frère de la terre. Prenez donc une livre de cette gomme, et mettez la dans un vaisseau de verre grand comme un médiocre pot, luttant bien les jointures du récipient, et faites distiller, etc. »

La recette de Duncanus Archevêque de Canterburry est la même en tout, il y a seulement cette différence qu'il dit :

« Prenez trois livres de cette gomme dans un vaisseau distillatoire qui contient environ deux mesures, et ayant luté les jointures, faites distiller au sable, lequel doit être épais de deux doigts sous le vaisseau aussi bien qu'autour jusqu'à la moitié de la cucurbite ou cornue ; et que ce soit un peu au-dessus de la matière qui est dans le vaisseau. Faites au commencement un très petit feu sans luter le récipient, jusqu'à ce que vous voyez que le flegme est tout sorti, continuant ainsi jusqu'à ce que les fumées blanches commencent à paraître comme du lait. Alors lutez bien les jointures augmentant peu à peu le feu, et à la fin vous aurez une huile très rouge comme du sang qui est un or aérien et spirituel : ceci est le menstrue puant, le soleil des Philosophes, notre teinture, l'eau ardente, le sang du Lion vert, notre humidité onctueuse laquelle est le souverain restaurant et consolation du corps humain dans ce monde ; c'est, notre eau de vie, le vrai mercure des Philosophes, l'eau de vie qui donne la vie à l'or et aux autres métaux et les dissout avec la conservation de leur espèce, et qui a plusieurs autres noms, et lors que les fumées blanches paraissent, continuez encore le feu pendant douze heures, dans lequel temps toute l'huile distillera, si le feu est convenablement fort ; conservez cette distillation, la bouchant bien, qu'elle ne s'évapore pas. »

ABRÉGÉ DE LA DOCTRINE DE PARACELSE

Ce menstrue n'est pas différent au premier, quoique la substance ne soit pas différente, et que la matière dont on doit se servir reste encore dans l'obscurité.

Cependant Riplée dit en quelque endroit quatre raisons pour lesquelles on appelle cette matière le *Lion vert*.

« 1° Par le mot de Lion vert les Philosophes entendent le soleil, lequel par sa vertu fait verdir et germer toutes les plantes, et qui meut et anime toute la nature ; le Lion vert donc est celui par qui tout verdit et croît, élevant des froides cavernes les vapeurs qui font croître et dont le fils nous est très cher et propre à faire l'Élixir, car c'est par ce fils qu'on a la puissance d'obtenir notre soufre blanc et rouge qui ne brûle point et qui ne se trouve que dans le corps des deux luminaires ; lequel, comme dit Avicenne, est une très bonne chose, et de laquelle les Chimistes peuvent produire l'or et l'argent ; ces paroles doivent suffire pour connaître ce que c'est que le Lion vert. »

« 2° On l'appelle vert, parce que cette matière est encore verte et aigre, et qui n'est pas encore mûre ; c'est-à-dire que la nature ne l'a pas encore fixée et perfectionnée comme elle a fait l'or commun ; Lion vert des Philosophes est donc un or vert, et qui n'est pas encore mûr ; c'est un or vif qui n'est pas encore fixé par la nature et qu'elle a laissé imparfait ; et c'est pour cela qu'il a la puissance de réincruder tous les corps et de les réduire en leur première matière et de rendre les corps fixes, spirituels et volatils comme lui. »

« 3° On l'appelle aussi Lion, parce qu'ainsi que tous les animaux lui cèdent, de même tous les corps métalliques cèdent à la puissance de cet or vif qui est notre mercure. »

« 4° Enfin ce noble enfant s'appelle Lion vert, parce que lorsqu'on l'a dissout il paraît habillé de vert : néanmoins du Lion vert des fous (le vitriol) par un grand feu on tire une espèce d'eau-forte, dans laquelle il faut faire bouillir le susdit Lion. (Notez ces paroles qui m'ont ouvert l'esprit à faire l'ouvrage que je fais. »

« Quant au nom *Adrop* l'on voit que c'est la même chose que le Lion vert. Aussi dans la recette précédente est dit, prenez l'Adrop, c'est-à-dire le Lion vert : et le même Riplée parlant de lui il dit : » l'Adrop est or et argent en puissance, non visible comme Rasis le dit, et notre or et argent au dire de nos Philosophes, n'est pas or et argent vulgaires ; car les nôtres sont aériens, lesquels pour être bien fermentez doivent être joints à ce qu'ils aiment, c'est-à-dire avec l'or et l'argent vulgaires ; d'autant que le Philosophe dit que *Adrop* est un or aérien, et le susdit Adrop est appelé *or lépreux*, auxquelles choses Guison Philosophe Grec est d'accord, en parlant de l'esprit mercuriel, qui est le menstruel formé de l'esprit et du sang du Lion vert, lequel est tiré de l'Adrop

ABRÉGÉ DE LA DOCTRINE DE PARACELSE

naturel par l'Art ; ainsi et de la manière qu'il écrit ; et cet esprit est le soleil ou le soufre de l'eau solaire des Philosophes et l'arsenic de la lune, et il ajoute au même lieu : le corps est le ferment de l'esprit ; et l'esprit est le ferment du corps, et la terre dans laquelle est caché le feu qui dessèche, imbibe et qui fixe l'eau et l'air qui est dans l'eau, lequel lave, teint, et perfectionne la terre et le feu, et sur ce que Guidon dit qu'ils enseignent et perfectionnent ; on doit l'entendre de la Pierre c'est-à-dire de la matière prochaine de la Pierre qui est le menstrue formé de l'Adrop ou du Lion vert ; lequel est suffisant pour se perfectionner soi-même c'est-à-dire à former l'Élixir, et qu'on ne doit y introduire rien d'étranger comme lui et tous les autres le disent car toutes les parties de l'Élixir sont essentielles et consubstantielles : car l'intention des Philosophes est de faire cet ouvrage en peu de temps sur la terre, ce que la nature fait en longtemps sous terre, de manière que Guidon a raison de dire que ceux qui veulent former le ferment de l'argent-vif vulgaire pour notre corps choisi, ne sont que des ignorants. Parce que, comme dit Guidon, la matière qui contient en soi l'argent-vif, est mille fois meilleure que les corps du soleil et de la lune cuits par la chaleur naturelle du soleil. Concord, Lulle et Guidon p. 333. »

Et continuant à parler de l'Adrop, il dit, « la fumée blanche sort de ses veines, laquelle si vous savez cueillir et la remettre sur ses propres veines, elle se fixera et en peu de temps se formera le vrai Élixir : et certainement sans ces liqueurs spirituelles, c'est-à-dire l'eau et l'huile du mercure (qui sont dans ledit menstrue de L'Adrop ou Lion vert) le corps chimique de l'Adrop (que Raymond appelle *neutral* parce qu'il n'est pas métal, et il est la source des métaux) ne se petit purger ; et c'est ce corps chimique qu'on appelle *corps lépreux* et noir, dans lequel comme dit Vincent dans son miroir naturel, sont l'or et l'argent en puissance et non en apparence parce que le profond de ce corps (de l'Adrop ou Lion vert) n'est autre chose qu'un or spirituel et subtil comme l'air lequel on ne peut pas avoir à moins qu'auparavant vous ne purifiez ce corps lépreux et sale, ce qui n'arrive qu'après sa parfaite purification, et alors il est mille fois plus excellent et parfait que les corps de l'or et de l'argent vulgaires digérés par la chaleur naturelle. »

« La première matière de ce corps lépreux est une eau aqueuse épaissie dans les entrailles de la Pierre ; et de ce corps, comme dit Vincent, on fait le grand Élixir au blanc et au rouge, le nom duquel est Adrop, lequel autrement est appelé *plomb des Philosophes*, duquel Raymond Lulle est d'avis de tirer l'huile de couleur d'or, ou semblable à l'or ; et Raymond dit que cette huile n'est pas nécessaire dans l'ouvrage végétable, parce que les dissolutions et les coagulations de cet ouvrage se font vite, et si vous savez le séparer de son flegme et ensuite chercher ses secrets vous pourrez faire en trente jours la

ABRÉGÉ DE LA DOCTRINE DE PARACELSE

Pierre des Philosophes; cette huile rend les médecines et les teintures pénétrables, et qui se joignent amiablement, aux corps des métaux, et dans le monde, il n'y a chose plus secrète. *Medula phisic. p. 131.*»

Guidon et Riplée rapportent plusieurs, noms qu'on donne à ce *Lion vert* ou *Adrop*, qu'on appelle communément *plomb philosophique*. Nous continuerons à voir ce qu'on dit du Lion vert ou de l'Adrop, sous le nom de *plomb philosophique*.

«Premièrement, entendez(dit Riplée) ce que dit Avicenne, que dans le plomb philosophique l'or et l'argent sont en puissance, et que la nature les a laissés crus, et cuits seulement à demi; c'est pourquoi il faut y suppléer par l'Art, et perfectionner ce que la nature a laissé imparfait; ce qu'il faut faire par le moyen d'un ferment qui cuit et qui digère les crudités que la nature y a laissées; pourquoi pour le ferment prenez l'or parfait, parce que notre plomb tirera un peu de sa substance fixe, et par ce moyen il convertira une grande quantité des corps non fixes; et de cette manière l'Art aidera la nature, et fixera en peu d'heures sur la terre ce qu'elle fait en mille ans dans la terre, et par cette expérience vous entendrez comme le plomb contient en soi de grands secrets car il a en lui un argent-vif pur et net et odoriférant, et qui n'a pu être conduit à la perfection par la nature; et cet argent vif est la base et le fondement de notre précieuse médecine, tant pour les corps humains que pour les métalliques; et il est l'Élixir de vie qui guérit toutes les infirmités, et duquel mercure il faut entendre le Philosophe, quand il a dit que dans le mercure est tout ce que les sages cherchent; et c'est de lui qu'on doit tirer, l'esprit, l'âme et le corps qui sont la vrai teinture; c'est dans le mercure qu'on trouve le feu des Philosophes, qui brûle également dans le vaisseau et non dehors. Il a de plus une très grande vertu attractive et la puissance de dissoudre le soleil et la lune, et de les réduire à leur première matière avec la conservation de leur espèce; c'est avec ce mercure qu'il faut dissoudre la chaux des corps parfaits pour congeler l'esprit mercuriel du susdit dissolvant *Ripl. Papill. p. 295*»

«Mais prenez garde, dit-il, que vous n'opériez avec le saturne vulgaire, parce que l'on dit communément qu'il ne faut pas manger de l'enfant dont la mère est corrompue; et croyez moi que plusieurs se trompent en travaillant dans le saturne; écoutez ce qu'Avicenne dit: Saturne sera toujours Saturne, et même ne travaillez pas sur la terre de Saturne (des Philosophes) qui a été abandonnée par son esprit (la tête morte) et qu'il a abandonnée comme un mauvais soufre, agissez avec son odeur (sa vapeur, son esprit) pour congeler le mercure, non pourtant comme font les fous, mais comme font les Philosophes, et vous aurez une bonne chose. *Phil. cap. 2., p. 188.*»

«Il continue à dire: Nous appelons Plomb tout le composé, et ce sont nos

ABRÉGÉ DE LA DOCTRINE DE PARACELSE

menstrues avec lesquels nous calcinons les corps, mais nul corps impur entre dans la formation de ces menstrues, qu'un seul que les Philosophes appellent *le Lion vert*, et lequel Geber dit être le moyen et le médiateur pour joindre et introduire les teintures du soleil et de la lune, et afin que je vous découvre qu'elle est cette chose, je te jure par le Ciel que c'est un de ceux qui donnent le nom aux sept jours de la semaine, et la chose plus vile (et plus imparfaite) d'entre eux, du corps de laquelle chose on tire par artifice un certain sang et une humidité vaporeuse qui s'appelle *le sang du Lion vert*, duquel on fait une eau qui s'appelle *le blanc de l'œuf* et l'eau de vie, l'eau de la rosée de Mai et qui a plusieurs autres noms que j'omets pour abréger. *Phil.* p. 192.»

La troisième méthode pour tirer le sang du Lion vert, du plomb calciné ou du minium philosophique, est la suivante que le même Riplée nous donne. *Pupill., chimic.* p. 303.

«Prenez du plomb calciné et rubéfié ou du plomb minium, c'est-à-dire de l'antimoine minéral préparé, autant que vous voudrez avec cette proportion qu'il faut avoir autant de pintes de vinaigre distillé que vous avez de livres dudit plomb calciné, mettez ledit minium avec ledit vinaigre dans une terrine vitrée bien couverte de la poudre, remuant tous les jours cinq ou six fois sans y ajouter aucun feu; ayant été ainsi trois ou quatre jours (il dit ailleurs huit jours) après lesquels vous décanterez la liqueur, et la filtrerez afin qu'elle devienne pure et transparente; mettez-la dans une poêle de cuivre à très petit feu, et faites évaporer le vinaigre flegmatique jusqu'à ce qu'il reste dans le fond une manière d'huile fort épaisse que vous laisserez refroidir, alors vous aurez une matière comme de la gomme ou comme de la glue qu'on pourra couper avec le couteau, mettez 4 livres de cette matière dans une cucurbite bien luttée avec un lut fait de mâchefer farine et blanc d'œuf, mettez dans un four de sable et non de cendres, ensevelissant le vaisseau dans le sable, et qu'il y en ait deux doigts dans le fond et par-dessus la matière, mettez un récipient sans le luter jusqu'à ce que par un feu très lent vous ayez ôté toute l'eau flegmatique, et quand vous verrez paraître les fumées blanches, changez ou videz le récipient et lutez bien, lequel il faut qu'il soit de deux pieds.»

«Laquelle fumée étant extraite vous fortifierez le feu autant que vous pourrez, lequel feu continuerez jusqu'à ce que tout soit distillé; ce qui se peut faire en 12 heures ou environ et par ce moyen vous trouverez le sang rouge du Lion, et très rouge et comme du sang, qui est notre mercure et notre teinture préparée pour en imbiber la chaux de l'or très pur. Au surplus si vous voulez vous en servir au blanc vous distillerez votre mercure à petit feu, conservant toujours les fèces, et vous aurez votre mercure très blanc et comme du lait, qui est notre lait de la Vierge, le menstrue blanc et notre argent-vif exubéré;

duquel par la circulation, vous pouvez faire de l'huile de la chaux de lune, comme vous avez fait de la chaux d'or et vous aurez l'Élixir au blanc, qui convertit tous les métaux; mais notez que l'huile d'or doit se perfectionner en l'unissant avec le baume artificiel par le moyen de la circulation, jusqu'à ce qu'il se forme une liqueur comme de l'or très claire et resplendissante, qui est le vrai or potable, et l'Élixir de la vie plus précieuse que toutes les choses du monde. »

Un semblable menstrue est décrit par le même Riplée dans sa moelle chimique, *p.* 170.

« Prenez, dit-il, le jus très aigre des raisins, qui étant distillé, vous dissoudrez en icelui, dissolvez en eau cristalline et transparente le corps bien calciné au rouge, que les Philosophes appellent *séricon*, duquel vous ferez une gomme qui ressemble à l'alun, et que Raymond, Lulle appelle *vitriol azoqueus*; de cette gomme on tire auparavant à petit feu une eau faible qui n'a aucun gout, non plus que l'eau, de fontaine, mais lorsque les fumées blanches paraissent changez le récipient et luttez bien fort, et vous recevrez votre eau brûlante, l'eau de vie et menstrue résolutif qui auparavant était lui-même résoluble; c'est la vapeur qui peut dissoudre tous les corps, les purifier et les putréfier, qui peut séparer les éléments et réduire la propre terre en sel admirable par sa vertu attractive; et ceux qui croient qu'il y a une autre eau que celle-ci, ils se trompent dans leur œuvre; cette eau a un gout très âcre et fort et une odeur puante; et c'est pour cela qu'on l'appelle le *menstrue puant*, et parce que cette eau est fort subtile et spirituelle, c'est pour cela qu'il faut la mettre avant une heure sur la chaux des métaux, et quand on la met sur la chaux des métaux elle commence à bouillir, et si le vaisseau est bien fermé, elle ne cessera pas d'agir sans autre feu jusqu'à ce qu'elle se soit desséché sur la chaux des dits métaux qui imbibent parce qu'elle est de leur nature, après quoi vous passerez outre pour accomplir l'ouvrage comme dans l'eau composée : et quand l'Élixir sera de couleur de pourpre, dissolvez-le dans le même menstrue qui soit rectifié et réduit en huile subtile, sur lequel il faut fixer l'esprit de l'eau par la circulation et alors elle a la puissance de réduire tous les corps en or très pur, et guérir toutes sortes d'infirmités du corps humain plus que les remèdes Hippocrate ou de Gallien : car c'est le véritable or potable, fait de l'or élémenté, par notre Art, et tourné par la roue philosophique. »

Nous achèverons les recettes de Riplée qui en a parlé plus qu'aucun autre, par celle qu'il a donnée dans son *vadémécum* ou manuel; laquelle est la plus ample et plus circonstanciée que les autres.

« Prenez, dit-il, du Séricon, ou de l'antimoine 30 livres, qui vous donnent environ 20 livres de gomme; pourvu que le vinaigre soit bien fort, chaque

ABRÉGÉ DE LA DOCTRINE DE PARACELSE

livre dudit séricon vous le dissoudrez dans deux mesures (à gallon) de vinaigre distillé ; et quand il aura été quelque temps en digestion, agitant souvent la matière avec un bâton : après que tout ou la plupart sera dissout, filtrez la liqueur, jetez les fèces superflues qui n'entrent pas dans notre opération ; mettez toute la liqueur au bain marie, et faites évaporer à médiocre chaleur, et notre séricon se coagulera en forme d'une gomme verdâtre qui est notre lion vert. »

« Desséchez bien cette gomme de manière pourtant que vous ne détruisiez pas les humeurs, ni la verdeur. »

« Alors prenez cette gomme verte (ou vitriol azoquée, vitriol de mercure) mettez-le dans une retorte de verre bien lutée et bien forte et distillés à petit feu le flegme insipide qui sort et qui n'est bon à rien, mais aussitôt que vous verrez les fumées blanches, mettez un autre récipient de verre fort grand, que vous luterez fort bien au col de la retorte, afin qu'aucune fumée ne se perde, augmentez le feu par degrés jusqu'à ce qu'il vienne des gouttes rouges comme le sang, et qu'il ne vienne plus de fumées ; alors diminuez peu à peu le feu, et tout étant bien froid ôtez le récipient et bouchez le bien que rien ne s'évapore ; parce que cette liqueur est notre liqueur bénite qu'il faut conserver avec grand soin dans un vaisseau bien bouché, regardez ensuite le col de la retorte, et vous y trouverez une certaine glace blanche et dure, semblable une vapeur congelée et comme du mercure sublimé, que vous ramasserez et conserverez soigneusement ; car elle contient de grands secrets desquels je parlerai plus bas (mais il n'en dit mot). »

« Cela fait, tirez des fèces de la cornue qui sont noires comme de la fumée (si vous avez donné bon feu) et qui sont appelées notre dragon (parce que comme on le verra il mange sa queue). »

« Prenez une livre ou plus de ces fèces et calcinez-les dans un four des Potiers, ou des verriers, ou dans votre fourneau (anemio) qu'il devient une chaux blanche comme la neige, dite le tartre calciné des Philosophes. »

« Conservez cette chaux à part, car c'est la base et le fondement de nos secrets, c'est notre mare notre terre blanche, et le fer des Philosophes, (étant noire). »

« Prenez une partie des fèces restantes ou de ce dragon noir, et broyez-le sur une pierre et par un bout mettez-y le feu avec un charbon vif, et dans l'espace de demi heure le feu paraîtra par toutes les fèces qui seront calcinées en une couleur citrine fort glorieuse. »

« Dissolvez ces fèces avec le vinaigre distillé par la manière que nous avons dit ci-dessus ; filtrez comme dessus, et ce qui reste, évaporez comme dessus,

ABRÉGÉ DE LA DOCTRINE DE PARACELSE

et l'on formera une manière de gomme, et distillez le menstrue, qu'on appelle *sang du dragon*, et réitérez cet ouvrage comme auparavant jusqu'à ce que toutes les fèces susdites ou la plus grande partie étant réduites en gomme par le vinaigre distillé, soient redistillées, et formant le menstrue qu'on appelle *sang de dragon* (je crois qu'il faut les distiller dans le même récipient ou est l'autre menstrue, réitérant cet ouvrage en toutes les fèces comme auparavant, jusqu'à ce que toutes les fèces ou la plus grande partie soient réduites en notre liqueur naturelle et bénite ; lesquelles liqueurs vous mêlerez avec la première qu'on appelle le *sang de Lion vert*. Ces liqueurs ainsi mêlées mettez-les putréfier pendant quatorze jours. »

« Ensuite procédez la séparation des éléments, car vous avez déjà dans cette liqueur bénite le feu de la Pierre qui était caché dans les fèces, lequel secret les Philosophes ont extrêmement caché ; prenez donc ce menstrue ainsi purifié et mettez-le dans, un verre en quantité convenable, mettez son alambic que vous lutterez avec des linges mouillés en blancs d'œufs ; et il faut que le récipient soit fort grand, afin que les esprits ne puissent pas s'échapper et qu'ils sortent avec une chaleur tempérée : séparez les éléments, et l'élément de l'air montera le premier, qui surnage l'huile (une petite quantité d'huile qui surnage sur l'esprit de vin). »

« Dans un autre vaisseau, distillez cet esprit et rectifiez-le distillant sept fois, (séparant le flegme, jusqu'à ce qu'il brûle le linge qu'on aura mouillé en icelui ; alors cette eau s'appelle *l'eau ardente* ou esprit de vin rectifié) laquelle eau vous conserverez soigneusement bien, bouchée. »

« Dans la rectification de l'eau ardente, surnage l'air en forme d'huile blanche, et l'huile citrine restera dans le fond de l'alambic, car il est besoin d'un feu plus fort. »

« Cela fait, prenez du mercure sublimé pulvérisé ; faites le dissoudre *per deliquium* sur une lamine de fer en lieu humide, et la liqueur qui en vient étant filtrée, versez dessus un peu d'eau ardente elle tirera le mercure en forme d'huile verte qui surnagera, laquelle vous séparerez la distillant par la retorte, d'où l'eau distillera la première, et ensuite l'huile épaisse qui est l'huile du mercure. Distillez[2] après le déluge ou (l'eau de la Pierre) dans un autre récipient ; et la liqueur sera blanchâtre, que vous distillerez au bain, à une chaleur modérée jusqu'à ce qu'il reste dans le fond de la cucurbite, une substance épaisse oléagineuse comme la poix liquide ; conservez cette liqueur dans un vaisseau bien fermé. »

---

[2] Je crois que pour l'eau de la Pierre, il entend ce qui est resté après avoir distillé l'esprit ardent.

ABRÉGÉ DE LA DOCTRINE DE PARACELSE

« Notez qu'aussitôt que la liqueur blanche vient, il faut mettre un autre récipient ; car cet élément (de l'air) est entièrement distillé deux ou trois gouttes de cette liqueur noire guérissent de tout venin. »

« Sur cette matière noire et liquide versez de l'eau ardente, susdite et mêlez bien le tout ; laissez reposer les fèces pendant trois heures, décantez et filtrez, la ligueur, mettez dessus encore d'autre eau ardente susdite, et répétez cela trois fois, et de nouveau distillez à petit feu au bain, réitérant[3] trois fois la distillation, et on l'appellera *sang humain rectifié*, lequel les Artistes ont mis parmi les secrets de nature ; et de cette manière vous avez exalté en quintessence deux éléments, c'est-à-dire l'eau et l'air, conservez ce sang en temps et lieu : après cela versez, sur cette terre noire de la Pierre qui est restée dans le fond de l'alambic, versez dis-je, encore le déluge ; c'est-à-dire l'eau (le flegme) et mêlez bien distillant, le tout jusqu'à ce que la terre reste fort sèche et noire, qui est la terre de la Pierre ; gardez l'huile qui est avec l'eau pour vous en servir en temps et lieu, mettez cette terre noire en poudre, et versez dessus le sang humain susdit (l'es prit de vin susdit rectifié et qui est imbibé du sel de ladite terre) digérez pendant trois heures ; après distillez aux cendres avec un feu assez fort, réitérez ces ouvrage trois fois et nous l'appellerons *l'eau de feu rectifiée*, et de cette manière vous avez exaltez trois éléments dans la vertu de la quintessences, c'est-à-dire l'eau, l'air ; calcinez ensuite ladite terre noire et séchez dans un four de réverbère, en forme de chaux très blanche ; versez dessus l'eau de feu, distillez à feu bien fort comme dessus la terre qui reste, calcinez-la encore, et distillez réitérant la même distillation et calcination sept fois ou jusqu'à ce que toutes la substance de la chaux soit passée par l'alambic, et alors vous avez l'eau de vie rectifiée, spiritualisée, et les quatre éléments sont exaltés en vertu de la quintessence ; cette eau dissout tous les corps les putréfie et les purge ; c'est notre mercure, notre *lunaria*, et quiconque croit qu'il y a une autre eau que celle-ci est un fou qui ne parviendra jamais aux effets désirés pour le grand Œuvre. »

L'on peut remarquer en passant que le Lion vert, l'Adrop, le plomb des Philosophes, le minium, l'or aérien, le mercure et autres noms semblables signifient la même matière dont on fait le menstrue comme aussi l'eau ardente, l'eau de vie le sang humain rectifié, le dragon, le fer et le mars des Philosophes et autres semblables, sont diverses substances du même menstrue, que Riplée qui était de l'école de Raymond Lulle appelle comme lui *menstrue puant*.

Raymond Lulle compose son menstrue puant de trois choses, c'est-à-dire de B. C. D. ; par B il entend le grand. Lion vert ou l'argent-vif commun B., dit-il, *signifie l'argent-vif qui est une substance commune, et qui est dans tous*

---

[3] Parce que cet esprit tire le sel volatil qui était dans cette liqueur.

les corps corruptibles comme il paraît par ses propriétés. C., dit-il, *signifie le salpêtre ou nitre commun qui a une nature commune et semblable à l'argent-vif, à cause de sa nature forte et acide.* Par D. il entend la gomme d'Adrop faite de la substance du Lion vert ; D., dit-il *signifie le vitriol azoqué, qui rompt et confond tout ce qui est de la nature de argent-vif.* Il appelle l'un et l'autre C. D. les moyens les plus purs et les plus propres. « Sachez, dit-il, mon fils la chose avec laquelle nous lavons l'argent-vif et sa nature, de manière que la nature n'a pu le faire, pour faire en sorte qu'il devienne Élixir parfait, mais comme l'Élixir et l'argent-vif sont les deux extrêmes, ils ne peuvent se joindre que par un milieu, sachez qu'il y a plusieurs moyens pour produire cet effet ; mais il y en a deux dans la nature qui sont plus pures et plus. visqueux, c'est-à-dire les vitriols azoqués verts et la nature saline pierreuse. Mon fils, avec le secours de cette vile matière se fait notre Pierre, etc. »

Mais il nous importe à présent de savoir comme le même Raymond s'y prend pour former le vitriol azoqué ou le vitriol mercuriel de cette matière qu'on appelle *Lion vert*.

« Mon fils, dit-il, le Lion azoqué qui est appelé le *vitriol*, (azoqué) il est fait par nature de, la propre substance de l'argent-vif commun, lequel est la racine naturelle de laquelle le métal est créé de sa propre matière. »

Raymond continue à montrer dans des termes obscurs et qui lui sont ordinaires ce que Riplée avait dit que pour faire l'argent-vif des Philosophes de l'argent-vif vulgaire, il faut le faire bouillir dans l'esprit ou l'huile de vitriol.

« Mon fils, dit-il, il faut que tu sois inébranlable dans les principes de nature et ne pas courir, tantôt après une chope, tantôt après un autre, car notre médecine ne consiste pas en plusieurs choses ; c'est pourquoi, je te dis qu'il n'y a qu'une seule Pierre, c'est-à-dire le soufre, auquel tu ne dois pas ajouter rien d'étranger, mais seulement, en ôter les superfluités terrestres, et flegmatiques, lesquelles sont séparables et doivent être séparées de notre vif-argent qui est plus communaux hommes que l'argent-vif vulgaire, il est d'un plus grand prix et de plus grand mérite et d'union plus forte, lesquelles choses superflues il faut les séparer n'étant pas de l'harmonie des métaux. Je vous répète qu'il n'y a qu'une seule Pierre des Philosophes qui est tirée des choses susdites, c'est-à-dire de ce corps qui est de la nature des deux luminaires, et dans lequel leur splendeur habite, et qui ne cessent pas d'éclater sur la terre, et qui avec leurs rayons obscurcissent le feu ; et je te dis que qui ne prend pas ces corps est comme un peintre qui veut peindre sans pinceau et sans couleurs ; car ces deux corps sont naturels à la Pierre. Et parmi les corps innaturels prend ce corps volatil, c'est-à-dire le vif-argent qui cache sa nature dans la profondité de son ventre, et laquelle est si fort mêlée avec l'extérieur et l'imparfait, qu'on ne peut avoir ce qui est parfait en lui que par une certaine concordance amiable, laquelle la nature nous montre par une amiable attraction ; c'est à cause de ses superfluités externes qu'il est mis parmi les corps innaturels, non qu'il soit néanmoins non naturel ; car si cela était il serait dans le nombre des choses que nous disons être contre la nature de la pierre ; mais comme dans son intérieur sa substance est pure et naturelle à la Pierre, c'est pour cela qu'on l'appelle *innaturel*, c'est pourquoi il faut considérer diligemment que de ces deux principes (les métaux parfaits et l'argent vif), il y en a un qui tant extérieurement qu'intérieurement doit être considéré comme naturel dans toute sa substance, et c'est le soufre (de l'or ou de l'argent) pur, et chaud, et sec qui communique sa forme ; l'autre principe (l'argent vif) en innaturel, c'est-à-dire comme on l'a déjà montré qu'au dedans il est naturel, (et au dehors se peut dire contre nature) ce qui est naturel en lui est propre à lui, mais ce qui en extérieur lui est ajouté par accident, c'est de ces accidents impurs qu'il faut séparer sa substance pure par la corruption et putréfaction ; c'est pourquoi il en visible, que cet argent-vif quand on le prend il n'est pas naturel à la Pierre, à moins qu'il ne soit dépuré avec beaucoup d'esprit et d'adresse. *Codicil. Chap.*, 5. »

Riplée en parlant de la purification du vif-argent et de la nature de toutes les autres choses qui ont de la même manière un corps impur et l'âme très pure (ce qui est leur essence) en parlant du vitriol que Raymond Lulle met parmi les choses contre nature à la Pierre, et qui néanmoins peuvent aider à sa purification comme il dit.

« La liqueur du vitriol est appelé par Raymond *feu contre nature*, et le mercure de ce minéral a les mêmes imperfections, que le mercure métallique ou Lion vert qui est le feu naturel, c'est-à-dire que son extérieur est contre nature, mais l'intérieur (l'huile parfaite du vitriol) est naturelle ; car la nature essentielle de l'une et de l'autre de ces mercures (du vif argent et du vitriol) est cachée dans le centre de leurs corps, c'est-à-dire entre l'eau flegmatique d'une part, et d'une autre part entre la grossière terrestre, et la nature parfaire (du vitriol ou du vif-argent) ne se peut acquérir sans une grande adresse du vrai Philosophe ; c'est pourquoi la partie terrestre et flegmatique ne peuvent pas nous être bonne à rien, au contraire elles sont nuisibles, et il n'y a que leur moyenne substance qui puisse nous être utile ; c'est pourquoi Raymond notre maître dit : Nous ne prenons pas les premiers principes (les éléments) parce qu'ils sont trop simples et éloignés, ni les derniers parce qu'ils sont trop grossiers, et puants, mais seulement la substance moyenne, dans laquelle est la teinture et la véritable huile, et qui sont séparés de la terrestréité impure et du flegme aqueux, c'est pourquoi le même Raymond dit : l'humidité onc-

ABRÉGÉ DE LA DOCTRINE DE PARACELSE

tueuse (l'humidité radicale et essentielle) est la matière prochaine de notre argent-vif physique. *Pupilla alchim. p. 298.*

La manière de purifier l'argent-vif ou le Lion vert par le vitriol nous est infirmée par Raymond Lulle dans la théorie de son Testament chap. 89, par des paroles très obscurs à son ordinaire; voila ce qu'il en dit.

« Quand on met l'argent-vif dans les vapeurs vitrioliques qui forment une eau très aigue et pénétrante, il se dissout par l'incision et pénétration de ladite eau qui se meut puissamment par son acuité forte, et en dissolvant l'argent-vif se convertit en nature d'atrament terrestre et vitriolique, il ne prend pas la forme d'aucun métal, ni une forme claire et luisante, ni céleste comme il paraît après l'évaporation de ladite eau, et comme il paraît par sa congélation en forme de petites Pierres jaunâtre et roussâtre (crocus) laquelle couleur procède de la terrestréité pontique et sulfureuse, laquelle était outre mercure dans la susdite eau de vitriol commun aussi peu avant, chap.85. »

« Mon fils la vapeur grosse et vitriolique de la laquelle est formé l'atrament (le vitriol) est très aigue et très pénétrante, c'est pourquoi elle pénètre les pénètre les parties pures du soufre et de l'argent-vif, et en les pénétrant il s'unit avec la substance pure la congelant sous la forme de la même vapeur et attramentale ou vitriolique terrestre qui est en l'un et dans l'autre 'en vitriol philosophique vert et jaunâtre); d'où paraît ce que nous avons dit, et qui est la grande porte Royale, c'est-à-dire qu'il ne faut pas que les vertus terrestres surmontent les vertus célestes, et vous aurez ce que vous cherchez. Et il ajoute : »

« Souvenez-vous qu'avec le menstrual, (c'est-à-dire avec la matière du menstrue le Lion vert) il ne faut mettre que les choses qui en viennent et qui sont nées de lui dans le commencement de leur mélange; car si vous y mettez quelque chose d'étranger, aussitôt il se corromprait par cette nature étrangère, et vous n'auriez pas ce que vous voulez, l'or, l'argent et le mercure se dissolvent dans notre menstrual, parce qu'ils participent avec lui en proximité de nature, et delà vous verrez la fumée blanche qui est notre soufre, et le Lion vert qui est notre onguent, et l'eau puante qui est notre vif-argent. Mais il faut auparavant dissoudre le Lion vert avec l'eau puante, avant que vous puissiez avoir ladite fumée blanche qui est notre soufre; et notez que le soufre se dissout et se sépare du corps de la même manière en congelant l'esprit en forme d'eau sèche que nous appelons *la Pierre*; et le plus grand moyen de notre ouvrage qui consiste dans la connexion et union de toutes les natures, c'est-à-dire dans l'union du corps et de l'esprit. Mon fils cette eau s'appelle *eau de feu* parce quelle brûle et consomme l'or et l'argent mieux que le feu élémentaire et parce qu'elle contient une chaleur terrestre, laquelle sans effort dissout ce que le feu commun ne peut pas faire, c'est pourquoi je vous ordonne que des choses les plus chaudes sont dans la nature vous faisiez le Magistère et vous aurez une eau chaude qui dissout toutes choses. *Theor. testam., chap.* 59.»

Riplée renferme en peu de paroles tout ce grand verbiage de Raymond Lulle.

«Ces paroles (qu'il a dites) peuvent suffire à l'homme sage, pour connaître et pour avoir, le Lion vert, mais ce noble enfant s'appelle *Lion vert*, parce que lorsqu'on le dissout il s'habille d'un vêtement vert. Mais néanmoins du Lion vert dessous l'on tire par un feu violent cette eau que nous appelons *eau forte*, dans laquelle il faut bouillir et cuire notre Lion vert, parce que tout or chimique se fait par des corrosif. *Moelle chimique* pag. 139.»

Winfield, dit aussi que l'argent vif qu'on appelle *Lion vert, Adrop, plomb des philosophes*, etc., étant dépuré par l'esprit de vitriol, on doit les mûrir encore en le calcinant au rouge pour en former le *minium* ou plomb calciné, le Séricon etc. Et il cite Raymond Lulle qui parlant paraboliquement de la production l'argent-vif des Philosophes, il fait une roue dans son testament, pour montrer que l'hyle ou première matière produit en premier lieu les éléments, que les éléments excités et mêlés avec les vapeurs célestes produisent des vapeurs ; ces vapeurs se réduisent en eau claire visqueuse, qui produit l'azot vitriolé, l'azot vitriolé produit un soufre aqueux, duquel viennent enfin les métaux.

«Le quatrième moyen, dit Raymond, est une certaine substance provenant de sa propre minière, et qui est plus proche de la nature des métaux que quelques-uns appellent *caleantus* ou *azot vitriolique* (le mercure vitriolé ou vitriol azoqueus) lequel est la terre et la matrice des métaux et qui par un autre nom s'appelle aussi *usurtus luisant*, blanc et rouge dans l'intérieur caché, noir et vert vu dehors, qui a la couleur d'un Lézard venimeux, qui est immédiatement engendré de l'argent-vif qui est la matière susdite, imprégné de ladite vapeur chaude et sèche qui est soufreuse (l'esprit de vitriol) par lequel moyen il est congelé en forme de Lézard vert dans lequel (azot vitriolé) est la forme et l'espèce de l'esprit puant (le soufre) qui multiplie la chaleur minérale qui est la vie des métaux, et qui dans la roue est signifié par E. Et un peu après il ajoute.»

«Dans l'ouvrage naturel (de la Pierre) il faut de l'argent vif, mais non pas tel qu'on le trouve sur la terre ; car il ne sera jamais bon à rien (pour notre ouvrage) à moins qu'il ne soit réduit comme le sang des apostumes, puant et venimeux ; car il faut que vous sachiez mon fils que par l'Art et par la nature l'argent-vif est congelé par le moyen d'une eau aigue et pénétrante : c'est pourquoi entends bien comme un bon philosophe, que si cette eau n'était pas bien aigue, elle ne pénétrerait pas l'argent-vif commun,» qui est le vitriol azoqué et le menstrue qu'on fait avec le vitriol, quoique nous moins instruits

ABRÉGÉ DE LA DOCTRINE DE PARACELSE

soyons persuadez que tout cela est fort obscur; mais quant au présent secret Riplée assure, et il peut l'assurer en effet, que personne ne l'a déclaré si clairement que lui. Les Adeptes ont à la vérité assez parlé de l'usage de leur vin, et Raimond Lulle, Arnauld de Villeneuve et quelques autres sont parvenus à le connaître; mais ils ont caché la manière de l'obtenir. Il est donc vrai que dans le silence universel, Riplée le premier, et peut-être seul, a déclaré la clef de toute la Philosophie la plus secrète, qui consiste dans le lait et dans le sang du Lion vert, c'est-à-dire que le menstrue puant étant digéré doucement pendant quinze jours, et le vin blancs rouge de Raimond Lulle et des autres Adeptes.

Et il n'a pas dit cela gratis, mais avec des paroles il a donné de la force et de la lumière à son dire; montrant la manière de composer par ce menstrue puant et *corrosif*, de faire, dis-je, le menstrue végétable (doux) et l'eau de vie rectifiée que Lulle a décrite dans l'article *de potestate divitiarum*, avec lequel exemple nous a enseigné, que du susdit menstrue puant on peut composer tous les menstrues végétables (doux.)

L'eau de vie de Lulle se fait par plusieurs cohobations sur sa terre morte. Nous avons la liberté de procéder par une autre méthode, pourvu que nous arrivions à la même fin. Distillez le menstrue puant qui a été digéré quinze jours, et montera en premier lieu l'eau ardente, après le flegme, et dans le fond restera une matière épaisse comme de la poix liquéfiée, qui sont les principes de tous les menstrues végétables (doux).

Arrêtons nous ici, sans poursuivre d'avantage la recherche de ce vin qui est le nectar des Philosophes; mais avant que de vous quitter tout-à-fait je veux donner encore ce mot aux Écoliers de Paracelse, leur faisant voir que ce gliston ou gliste de l'Aigle ou du Lion vert de Paracelse n'est autre chose que le vin blanc de Lulle qui est le lait de la Vierge, car le nom de *Lion vert* et *d'Aigle* sont synonymes: et par conséquent le vin rouge ou mercure rouge de Lulle est ce que Paracelse appelle *le sang du Lion rouge*, qui dans la jeunesse s'appelle *Lion vert*: c'est pourquoi quelque fois on l'appel le *Lion vert*, et quelque fois *Lion rouge*; c'est aussi pourquoi Riplée dit: « Prenez le sang du Lion très rouge, et comme du sang, qui est notre mercure et notre teinture préparée et propre pour être mise sur la chaux des métaux les plus purs, et ailleurs il dit, prenez le sang du Lion couleur de roses; mais écoutons Paracelse lui-même. »

Le Lion vert de Paracelse dans la Toison d'or
Germanique p. 4.

Prenez du vinaigre distillé dans lequel faites dissoudre le Lion vert, laissez purifier quelque temps; filtrez ce qui est dissout; séparez par le bain la

ABRÉGÉ DE LA DOCTRINE DE PARACELSE

superfluité humide du vinaigre jusqu'à ce que la matière vienne comme huile, mettez cette huile ou ce qui reste dans la retorte, distillez au sable à petit feu, augmentez après le feu, et le Lion vert par la force du feu donnera son gluten ou glue, ou graisse qu'on appelle air, mettez sur la tête morte le flegme que vous avez tiré; purifiez au fumier ou au bain, distillez ensuite comme auparavant et de nouveau les esprits monteront, poussez le feu, et viendra une huile épaisse de couleur jaunes sur la tête morte mettez de nouveau la première eau distillée, putréfiez encore, filtrez et distillez comme auparavant, et enfin par un feu très fort de flamme sortira une huile rouge, comme le sang, qui s'appelle *feu*, réverbérez la terre qui reste, qu'elle devienne blanche, etc. »

L'on voit que la méthode de Paracelse est un peu différente pour ce qui regarde la dissolution, quelques fois les Adeptes pour faciliter ladite dissolution ayant ajouté ou le vitriol, ou le salpêtre, ou tous les deux sels. Voyons Riplée qui nous donne tant de matières différences.

Le Menstrue puant, de Riplée fait avec le vitriol commun dans son viatique

« Brisez la gomme que vous avez faites du Séricon moyennant le vinaigre distillé, le mêlant avec égal poids de vitriol desséché; et au commencement séparez le flegme à petit feu, et ensuite avec plus grand feu recevez l'huile (le sang du Lion) que vous séparerez de l'eau jusqu'à ce que vous ayez l'huile seule et pure. »

Quelques fois au lieu du Lion vert commun aux fous, ils ont ajouté le salpêtre commun pour faire plus facilement le menstrue puant.

Le Menstrue puant de Lulle fait du vitriol azoqué et du salpêtre commun à la pratique du testament

« Prenez une partie de D. (le vitriol azoqué) et la moitié de C. (du salpêtre) lesquels vous mêlerez bien ensemble et les mettre dans une cucurbite de verre dans un fourneau, et ayant mis dessus son alambic bien luté, afin que les propriétés des trois mercures, c'est-à-dire le salfugineux, le vitriolique et l'aquatique, qui sont jointes ensemble, ne le perdent pas, et prenez garde que les susdites poudres que vous avez mis dans la cucurbite ne passent pas le poids de huit onces, et pour abréger le temps, vous mettrez trois cucurbites au même feu avec égale quantité de matière, et les mettez dans un feu propre, comme nous le dirons dans le chapitre des fours. Ne mettez pas plus de trois cucurbites car le feu ne pourrait s'administrer également ; que les cucurbites soient luttées de bonne terre mêlée avec de la bourre, et mettez des cendres par-dessus bien tamisées à l'épaisseur de cinq doigts, et mettez au bec de chaque alambic son récipient bien lutté et bien éloigné du four, afin que le récipient ne s'échauffe pas ; ayez ensuite de la sciure de bois en grande quantité, que vous mêlerez avec la moitié du marc de la vendange, de laquelle composition vous ferez votre feu, ensuite allumez votre feu : car il ne faut pas faire un feu plus fort jusqu'à ce que vous voyez distiller six gouttes, ou dix gouttes, ou quinze, ou vingt ; et lorsque, vous verrez distiller vingt gouttes faites du feu avec du petit bois sec, et peu à peu faites du feu de flamme directement sous matière ; et voyez que l'eau qui distille soit claires ; et quand vous serez arrivé quinze points, et que l'eau sera claire et les fumées subtiles, continuez ce feu ; et si vous voyez que de quinze points, la distillation rétrograde à vingt ou à moins, fortifiés le feu et continuez suivant le point de sa distillation ; et en troisième lieu faites le feu encore plus fort d'un point, et continuez jusqu'à, ce qu'il ne distille plus rien, et alors cessez le feu ; et si l'eau est claire sans aucune couleur trouble, prenez-la, et mettez-la dans une fiole bien bouchée avec de la cire tiède, afin que rien ne respire, ou que l'air n'y entre, car aussitôt elle se corromprait : ressouvenez-vous quand vous ferez le feu de bois sec, que vos vaisseaux doivent être munis du lut et qu'ils soient enveloppés de linges mouillés ; et que vous mettiez une poêle entre le bec de l'alambic et le récipient, car d'ordinaire quand le feu agit, l'air veut s'échapper et respirer, et quand le vaisseau n'est pas assez grand, pour le contenir, il brise tout ; parce que cet air est fort chaud ; c'est pourquoi il a besoin de quelque lieu où il puisse respirer, ouvrez donc le trou qui est bouché par la poêle quand vous l'entendez souffler. »

« Oh mon père comment avez-vous fait cette pratique si longue ; mon fils, afin que vous soyez instruit des choses petites et grandes, car mon intention est de ne parler plus dans ce livre de ce menstrue puant, lequel quand il sera dans votre pouvoir, vous pourrez dire que vous avez une chose vile, par laquelle néanmoins en peu de temps vous pouvez réduire tous les corps en leur première matière, etc. »

Le même menstrue puant est dans sa magie naturelle, avec sa longueur ordinaire.

Notez que Nicolas Flamel dit qu'il connut à l'odeur forte et puante qu'il avoir trouvé la préparation du mercure philosophique.

*Eau calcinative de tous les corps de Lulle
dans sa magie naturelle*

« Prenez de la terre, c'est-à-dire de D. (le vitriol azoqué) 5. Onces ; et de

ABRÉGÉ DE LA DOCTRINE DE PARACELSE

C. (le salpêtre) 2 oves et demie, et que le tout ne fasse que huit onces, et le tour étant subtilement mêlé et moulu sur le marbre, mettez-le en vaisseau de verre avec son alambic faisant dessous le feu de la sciure de bois deux parties, et une partie de petits charbons, ou écrasés une part, ou de son sec afin qu'il s'allume facilement, etc. »

Comme il dit la même chose avec le même ennui, il est inutile de le rapporter il est à remarquer seulement que Lulle qui dans tous les Livres différents donne la composition de ce menstrue puant à peu prés de la même manière, il ne dit quasi mot de la manière de faire son vitriol azoqué ou vitriol mercuriel, que ce que j'en ai rapporté ci-dessus ; de plus il ne dit rien de la séparation des éléments dans cet endroit, quoiqu'il en parle ailleurs assez au long de la manière que je dirai après. En attendant voyons encore Riplée.

Le menstrue puant de Riplée fait avec le vitriol
azoqué mêlé avec le vitriol commun et le salpêtre.
Commun dans la Moelle philosophique p. 143.

« Prenez le vitriol fait avec la liqueur aiguë des raisins avec le feu de nature et le séricon (le vitriol azoqué) mêlez en une masse avec le vitriol naturel (commun) desséchez médiocrement, et avec du salpêtre de ceux-ci au commencement on distille une eau faible et flegmatique, sans que le récipient soit coloré ; après quoi il montera une fumée blanche, qui fera que le récipient paraîtra comme du lait, laquelle fumée faut recueillir jusqu'à ce qu'elle cesse, et que le récipient devienne clair ; car cette eau est le menstrue puant, dans lequel est notre quintessence, c'est-à-dire la fumée blanche, dans laquelle est le feu contre nature (c'est-à-dire l'eau-forte du vitriol et du nitre) lequel s'il était séparé, ce serait notre feu naturel, duquel nous parlerons ailleurs, lesquelles eaux mêlées ensemble forment une eau qui fait des actions contraires ; car cette eau (comme dit Lulle dans son testament) dissout et coagule, humecte et dessèche, putréfie et purifie, noircit et blanchit, mortifie et vivifie, sépare et conjoint, brûle et rafraîchit, commence et perfectionne ; ce sont les deux dragons qui combattent dans la gueule de la saralie ; c'est la fumée blanche et rouge dont l'une dévorera l'autre et dans ce lieu les vaisseaux où la résolution se fait, ne doivent pas être lutés, mais seulement fermé, avec des linges, du mastic et cire commune ; car cette eau est un feu et un bain dans le vaisseau non dehors (notre bain-marie dans lequel le Roi se baigne) et laquelle si elle sentait un autre feu fort aussitôt elle s'élèverait au-dessus de vaisseau et si elle ne trouvait pas du repos, les vaisseaux le briseraient et le composé se perdrait, cette eau composée autant elle dissout, autant elle le coagule et s'élève en forme de terre glorieuse; et c'est celle-ci notre dissolution secrète qui le sait toujours avec la congélation de son eau, et parce que ce feu de nature est ajouté au feu contre nature (à l'eau forte) pour cela autant il perd de sa forme par le feu contre nature, autant elle requiert par le feu de nature de manière que par le feu contre nature elle ne peut pas être entièrement détruite, ou le feu naturel être réduit à rien.»

Voilà les recettes que les Adeptes moins ennuyeux ont bien voulu nous donner sur la composition de cette eau; Raymond Lulle ne parle point dans, ses recettes de la séparation des éléments comme Riplée, Bacon et Paracelse qui ne fait que l'indiquer, mais parce que Lulle et plusieurs autres parlent au sang de cela ambigument et qu'ils donnent la manière de faire la séparation des éléments de cette eau céleste ou menstrue puant que Raymond Lulle et plusieurs autres Adeptes appellent aussi leur *vin blanc et rouge*; je donnerai ici quelques recettes de Raymond Lulle, par lesquelles on verra que de ce menstrue puant ou vin philosophique, ils tirent l'eau de vie et l'esprit de vin, et que du tartre de vin ils font le tartre volatil, avec lequel ils accuent leur esprit de vin et le rendent capable de réincruder les luminaires et les réduire en vitriol volatil, et propre à être réduit en première matière.

Eau de vie rectifiée de Lulle — In potestate divitiarum

«Prenez du vin (philosophique) séparez l'esprit avec adresse le plus vite que vous pourrez, car il est difficile que vous sépariez si adroitement que le flegme n'emporte quelque chose de sa substance pure; cet esprit ainsi séparé s'appelle *mercure* ou *eau ardente* (parce quelle brûle si on y met le feu) dont la marque est (comme on l'a dit ci-dessus)que si vous mouillez un linge et que vous y mettiez le feu, le linge brûlera entièrement, si ladite eau ardente est bien rectifiée et séparée de tout flegme dans le feu du vaisseau, il restera une matière comme de la poix liquide; alors mêlez-la *lunaria* avec cette poix, mouvant bien et mêlant le tout, et faites distiller, et ce qui sortira par la distillation s'appelle *sang humain* rectifié que les Alchimistes cherchent; ce sang s'appelle aussi *air* ou *vent,* duquel a parlé le Philosophe disant, le vent la porte dans son sein.»

«Séparez l'huile de ce qui reste au fond, distillant par l'alambic jusqu'à ce qu'il ne reste plus rien de liquide, et gardez cette huile jusqu'à ce que je vous le dise; ce qui restera est une substance noire et sèche.»

«Pulvérisez cette matière noire et sèche (la terre de ce vin) et versez dessus le susdit sang humain rectifié, et laissez ensemble pendant trois heures, et ensuite distillez; alors cette eau s'appelle *l'eau de feu rectifiée.*»

ABRÉGÉ DE LA DOCTRINE DE PARACELSE

« Calcinez la tête morte dans un four de réverbère jusqu'à ce qu'il devienne comme une chaux blanche : mêlez cette chaux avec l'eau de feu rectifiée ; distillez sept fois, et alors elle s'appelle *eau de vie rectifiée* (parce qu'elle donne la vie aux métaux qui font morts). »

De ce tartre il fait aussi le sel de tartre volatil, ou le armoniac végétable, comme il s'enfuit.

Sel armoniac végétable de Lulle — De la matière végétable dans la quatrième pratique

« Prenez du vin excellent blanc ou rouge (il dit autre part que le rouge est meilleur) distillez l'esprit selon l'Art jusqu'à ce qu'il brûle le linge, évaporez le flegme jusqu'à ce que la matière reste comme de la poix fondue ; jetez dessus l'esprit ardent qui surnage de quatre doigts : digérez huit jours et distillez aux cendres l'esprit animé, réitérez avec nouvel esprit jusqu'à ce que la matière reste sèche en forme de poudre, distillez ensuite l'huile qui est dans cette terre avec un feu fort à sa suffisance, en sorte que ladite terre ne fume plus. »

« Calcinez la terre au four bien fermé jusqu'à ce qu'elle devienne blanche dans l'alambic, versez dessus l'esprit ardent animé l'octave partie, digérez trois jours : ensuite distillés au bain le peu d'humidité qui vient, mettez encore un peu d'esprit de vin imbibant et distillant jusqu'à ce que la terre devienne volatile, ce que vous essaierez sur une lamine ardente, sublimés cette terre imprégnée durant quatorze heures, et vous aurez le sel volatil que vous sublimerez encore deux fois pour l'avoir plus pur. »

Il y a plusieurs manières de faire ce sel armoniac végétable, qu'on peut voir en divers endroits de Lulle, Riplée, Parisinus, Rupecissa, Trismosin, Guidon, Basile Valentin, Paracelse et autres ; avec ce sel de tartre philosophique les Adeptes ont accué le vin comme il s'ensuit.

Le Ciel végétable de Lulle accué avec le sel de tartre volatil

« Prenez de l'eau de vie parfaitement rectifiée, qui brûle le linge, trois livres, du sel végétable du premier expérimenté (le tartre volatil) une livre, mêles bien ensemble laissez, en putréfaction pendant deux ou trois heures, le vaisseau étant bien clos ; après quoi mettez l'alambic sur la cucurbite et distillez à petit feu tant de fois que le sel passe, cohobant et distillant jusqu'à ce que tout soit passé ; cela fait, mettez encore une autre livre dudit sel dans la cucurbite, putréfiez, et distillez comme auparavant avec le même esprit de

ABRÉGÉ DE LA DOCTRINE DE PARACELSE

vin qui est déjà imprégné, d'une livre de son sel ; et par ce moyen il en passera encore une autre livre ; réitérez le même travail avec une troisième livre de sel, afin que l'esprit soit imprégné de trois parties de son sel, et alors il a la puissance de résoudre les luminaires en leur première matière. »

De ce menstrue ainsi accué, Lulle et les susdits Philosophes en font leur ciel philosophique de la manière suivante.

Ils mettent cet esprit à circuler pendant deux mois ; les fèces tomberont au fond, et vous aurez la plus parfaite chose pour la santé et volatilisation des métaux, pour les réduire en première matière, cette liqueur est incorruptible comme le ciel ; c'est pour cela qu'on l'appelle *ciel*.

Notez aussi que l'esprit ardent et la fumée blanche étant distillée deux ou trois fois, en sorte qu'elle brûle le sucre comme l'eau de vie commune, étant mise à circuler pendant cinquante ou soixante jours, donne une huile ou quintessence qui surnage sur le reste d'une odeur surprenante, etc.

*Quelques observations, entre autres qu'on peut
faire sur lesdites recettes des Philosophes Adeptes*

I

La première est qu'ils ont caché le mercure des Philosophes, tant la manière de le faire, comme la matière de laquelle on doit le faire.

II

L'on a donné à la matière dudit mercure philosophique le nom de *Lion vert* par les raisons que Riplée rapporte ; on l'appelle *Adrop, plomb, minium, antimoine*, etc. parce que cette substance est dans le plomb, l'antimoine et dans toutes les choses, puisque toutes les choses ont leur humidité radicale qui est ce que les Philosophes nomment *mercure*, mais l'humidité radicale, qui seul convient aux métaux, est métallique.

III

Quoi qu'il ne soit pas difficile de deviner quelle est la nature de ce *Lion vert* ; cependant les Philosophes tous d'accord ont caché la pratique de la première préparation de ce Lion, et de quelle manière on peut le réduire en minium philosophique ; cette première porte étant bien fermée, ils n'ont pas eu beaucoup de peine à nous dire quelque chose de la pratique, omettant néanmoins

ABRÉGÉ DE LA DOCTRINE DE PARACELSE

toujours quelque chose d'essentielle, qui étant négligé, la fin ne peut pas être bonne, puisque l'on a commencé mal, qui manque dans les principes, manque nécessairement dans la fin.

IV

Ayant-donc caché l'entrée au Palais du Roi ils nous décrivent plus ou moins sincèrement la manière de faire le menstrue dans lequel est la graisse de l'Aigle et le sang du Lion rouge, qui avant que d'être mûr au point qu'il fut, est appelé *Lion vert*.

V

Ils enseignent donc la manière de faire la gomme ou le vitriol philosophique de la substance dudit Lion.

VI

Il faut en premier lieu le dissoudre avec excellent vinaigre distillé et filtrer deux ou trois fois, la distillation afin qu'elle soit claire et nette, et notez que chaque livre de séricon vaut deux mesures d'Angleterre (*Gallons*) de vinaigre distillé, et bien forte.

VII

S'il reste quelque chose de ce minium qui n'est pas dissout il faut remettre d'autre bon vinaigre, laisser encore digérer huit jours, filtrer et mettre toutes les liqueurs ensemble.

VIII

Il faut évaporer, ou comme d'autres disent distiller, tout le vinaigre jusqu'à ce que la matière reste comme une poix liquide.

IX

Il faut distiller au bain marie, et par là, on exécute plus facilement ce qu'on ordonne de ne pas brûler les fleurs, et que la matière reste comme de la poix liquéfiée, car le bain n'est pas assez fort pour trop dessécher; d'ailleurs il faut que le bain marie ne bouille pas; et notez que cette poix ou gomme étant refroidie s'épaissit de manière pourtant qu'on peut la couper avec un couteau. Riplée avant que de former la gomme dit une fois qu'il faut digérer la liqueur huit ou dix jours.

ABRÉGÉ DE LA DOCTRINE DE PARACELSE

X

Ayant cette gomme il faut la mettre dans une retorte (Lulle dit toujours un alambic) et distiller à feu de cendres, ou de sable, ou petit feu, l'humidité du vinaigre sans que le récipient soit luté mais aussitôt que les fumées blanches commencent paraître, il faut changer de récipient et le luter exactement.

XI

Raymond Lulle ne veut pas qu'on mette plus de huit onces de matière dans le récipient, Riplée en met jusqu'à douze.

XII

Ce Lion vert se peut distiller en plusieurs manières, la première est qu'étant réduit en minium rouge on le distille sans faire ladite gomme d'Adrop, mais je croirais volontiers, qu'il faut alors ajouter le nitre ou le vitriol, ou tous deux pour l'aider à sortir: mais comme tous auparavant en font le vitriol azoqué; je crois qu'on doit suivre cette méthode comme étant plus sûre, la seconde manière est de distiller ce vitriol mercuriel sans addition, la troisième est d'y ajouter le sel nitre ou, le vitriol commun, ou tous les deux; Riplée donne à la fin les raisons pourquoi ce feu contre nature ne nuit pas.

XIII

Riplée marque aussi que cette distillation ne le peut faire en 12 heures: et je crois comme lui qu'il vaut mieux distiller par la retorte avec des cendres bien pressées, qu'il y en ait un doigt par-dessous la cornue, et trois doigts par-dessus la matière; mais la prudence enseignera mieux.

XIV

L'on trouve souvent au col de la retorte une manière de glace semblable au mercure sublimé qu'il faut mettre avec le reste de la distillation.

XV

Il faut conserver les fèces, parce qu'il y a en elles de grands secrets.

XVI

Notez dit Riplée que dans le menstrue qui aura distillé si vous le faites digérer 15 jours vous en tirerez trois substances, la première.

ABRÉGÉ DE LA DOCTRINE DE PARACELSE

1° Un esprit ardent qui monte avant le flegme avec tant soit peu d'huile.
2° La liqueur blanche qui est le lait de la Vierge et le mercure au blanc.
3° L'huile rouge ou mercure au rouge, appelé *soufre*, *sang du Dragon* ou du *Lion vert*.

XVII

L'on doit rectifier l'esprit brûlant le séparant du flegme de manière qu'il brûle le linge ou coton.

XVIII

Cet esprit s'aiguise et se rend plus efficace avec son sel de son tartre.

XIX

Alors réincrude les métaux calcinés.

XX

Le soufre blanc ou rouge de ce menstrue imbu de sa terre fixe peut faire la Pierre tout seul.

XXI

Mais pour plus grande facilité on se sert de l'or calciné et réincrudé par l'esprit de vin rectifié ; en les dissolvant après dans lesdits soufres blancs ou rouges.

XXII

Mais je crois que tout le menstrue bien déflegmé et accué avec son sel de tartre dissout l'or et l'argent, et se fixe avec eux *Experientia Magistra Operis*.

XXIII

Riplée dit dans un endroit qu'il faut mettre le vinaigre et ledit plomb calciné dans une terrine de cuivre, peut-être que le cuivre qui sera rongé par la matière, et le vinaigre est bon à cet ouvrage.

ABRÉGÉ DE LA DOCTRINE DE PARACELSE

Autres remarques utiles pour l'intelligence des Auteurs

Raymond. Lulle a enseigné la théorie et la pratique de la Pierre ; mais il a déguisé les noms, il a appelé la ligueur mercurielle donc nous venons de parler *vin blanc* et *vin rouge*, il a appelé un esprit de vin *un esprit brûlant* qui se tire de ce vin mercuriel, et sel de tartre volatil ; le sel qui se tire des fèces ou tête morte de laquelle on a distille ce vin mercuriel blanc et rouge, et c'est avec ce sel qu'il, fortifie son esprit de vin, lequel alors a la puissance de putréfier et résoudre en première matière les deux luminaires ; dans le Livre des expériences il montre au long les diverses manières dont on peut servir de ce vin et de ce sel précieux qu'il appelle aussi sel armoniac parce qu'il peut dissoudre radicalement l'or, et par l'harmonie et conformité de nature qu'il a avec lui.

Basile Valentin a fait la même chose que Lulle ; il a donné si doctrine sous le non de vitriol, d'où il tire son esprit blanc et l'huile rouge et pesante ; Lulle parle aussi de ce vitriol, qu'il appelle *vitriol azoqué*, c'est-à-dire vitriol mercuriel car *azoqué* en Espagnol veut dire *argent-vif*.

Le même Basile par cette essence du vitriol azoqué tire l'âme du vitriol de Mars et de Vénus pour la joindre à l'âme de l'or, afin d'avoir une teinture exubérante ; et c'est de cet ouvrage qu'il parle dans les 12 clefs avec beaucoup d'obscurité : mais dans le Livre des sept teintures il dit clairement, sans l'esprit du vif-argent ou mercure on ne saurait rien faire.

Paracelse au lieu du mars et du vénus il ajoute l'âme de l'antimoine, non seulement pour augmenter la teinture, mais parce qu'il croit que l'antimoine est supérieur à tous les corps métalliques pour conserver la santé et prolonger la vie.

En un mot les grands Maîtres ont opéré diversement, et comme un peintre habile qui a diverses couleurs sur sa palette, il en forme diverses figures et il les emploie en Maître ; les autres qui n'ont lu qu'un seul ouvrage, ils ont crû qu'il n'y en avait point d'autre, ni autre manière d'opérer ; il est vrai comme on l'a dit, qu'il n'y a qu'une seule matière en essence, mercure et soufre.

Mais les manières d'opérer sont différentes ; l'ouvrage des Anciens était peut être différent dans la manière d'opérer, mais comme sous les Arts se perfectionnent peu à peu, les Modernes ont agi autrement : et ce sont ces manières diverses d'opérer qui embarrassent fort le Lecteur. J'ai donc crû à propos d'ajouter ce peu de mot pour ôter la difficulté à ceux qui lisent les Auteurs anciens et les Modernes, et qui ne peuvent pas les concilier ensemble.

Qu'on se tienne donc aux fondements de l'Art, et on pourra choisir la manière d'opérer qui plaît le plus, et même d'en inventer une nouvelle.

FIN

ABRÉGÉ DE LA DOCTRINE DE PARACELSE

Table des matières

PRÉFACE 4
EXPLICATION DE LA NATURE DES PRINCIPES DE CHIMIE
Pour servir d'éclaircissement à la doctrine de Paracelse et des autres Philosophes ... 6

ABRÉGÉ DES DIX LIVRES DES ARCHIDOXES DU GRAND PARACELSE 22

Préface Du même Auteur, et qui passe pour son premier Livre 23
Abrégé du livre second et troisième avec une partie du quatrième
    des Archidoxes 26
Le quatrième livre des Archidoxes du grand Paracelse de la quintessence 29
Remarque 38
De la séparation de la quintessence de ce que les Chimistes appellent
    les éléments impurs 40
Dans le Livre X 43
Au Livre quatrième qui traite de la séparation de la quintessence des végétaux ... 45
Livre dixième 46
Des sels et de leurs essences 47
Dans le dixième Livre qui est la clef 47
De la séparation des éléments des métaux, de leur quintessence 48
Livre quatrième de la quintessence des métaux 49
Liv. X. Chap. 2 de la quintessence 52
Commentaire 53
Abrégé du cinquième Livre des Archidoxes du grand Paracelse, des Arcanes.
    Conjointement avec le sixième Livre des Magistères 55
Préparation du sel circulaire de Paracelse 58
Pour réduire le vif-argent en premier être ou quintessence.
    Liv. X. Archid. chap. IX 60
Des Arcanes cinquième Livre 62
Du deuxième Arcane 65
Du Mercure de vie. Troisième Arcane 66
De l'Arcane du mercure de vie dans la clef chap. V 70
Livre septième des Archidoxes des Spécifiques 72
Du spécifique odoriférant 74
Du Spécifique Anodin 74
Du Spécifique Diaphorétique 75
Du Spécifique purgeant 75
Du Spécifique attractif 76
Du spécifique Styptique 76
Du Spécifique Corrosif 77
Du Spécifique pour la Matière 77

ABRÉGÉ DE LA DOCTRINE DE PARACELSE

Livre huitième, de l'Élixir de Paracelse 78
De l'Élixir du sel 80
De l'Élixir de douceur... 80
De l'Élixir les quintessences 80
De l'Élixir de subtilité.. 81
Élixir de propriété 81
Livre huitième des Archidoxes des Remèdes extérieurs 82
Remèdes pour les Blessures... 83
Remèdes pour les Ulcères... 84
Remède contre les taches de la peau.. 84
Remarques en forme de Récapitulation... 84
Du grand Œuvre selon les Anciens, et suivant Paracelse parmi les Modernes 86
Du Soufre métallique 88
Du Mercure Métallique 89
Du grand composé ou grand Œuvre chap. 8, et 9.................................. 114
Chap. IX. Du Baume corporel ou Mercure du soleil 115
Chap. X. de composition du Baume spirituel de l'antimoine et du
    Baume coagulé du soleil 116
De l'ouvrage de la Pierre philosophale des Anciens faite avec le seul vif-argent,
    soit par la voie qu'on appelle sèche, et par la voie humide 118
Pratique de la voie humide Pour servir à la confection de la Pierre............ 124
Traité du Vitriol philosophique, de ses liqueurs blanche et rouge 126
Recette de Riplée in lib. accurtationum p. 333................................... 127
Le Lion vert de Paracelse dans la Toison d'or Germanique p. 4. 141
Le Menstrue puant, de Riplée fait avec le vitriol commun dans son viatique 142
Le Menstrue puant de Lulle fait du vitriol azoqué et du salpêtre commun
    à la pratique du testament... 142
Eau calcinative de tous les corps de Lulle dans sa magie naturelle 143
Le menstrue puant de Riplée fait avec le vitriol azoqué mêlé avec le vitriol
    commun et le salpêtre. Commun dans la Moelle philosophique p. 143. ... 144
Eau de vie rectifiée de Lulle — In potestate divitiarum....................... 145
Sel armoniac végétable de Lulle — De la matière végétable dans la
    quatrième pratique 146
Le Ciel végétable de Lulle accué avec le sel de tartre volatil 146
Quelques observations, entre autres qu'on peut faire sur lesdites recettes
    des Philosophes Adeptes... 147
Autres remarques utiles pour l'intelligence des Auteurs 150